ATHANOR
N. 11

Collana diretta da Sandro Montalto

I EDIZIONE OTTOBRE 2009
TUTTI I DIRITTI RISERVATI
ISBN-13: 978-88-7536-231-7

EDIZIONI JOKER
Via Crosa della Maccarina 28/B
Tel./Fax 0143.322383
15067 NOVI LIGURE (AL)
www.edizionijoker.com

Mario Vassalle

AGHI DI PINO

PINE NEEDLES

Joker

AVVERTENZA

Il testo originale italiano degli aforismi fronteggia la versione inglese in modo da rendere più facile il confronto dei testi italiano e inglese per coloro che desiderassero farlo. Per un eventuale confronto, lo stesso numero identifica lo stesso aforisma in italiano e nella traduzione inglese. La numerazione degli aforismi comincia col numero 4001, dal momento che questi aforismi sono una continuazione di quelli già pubblicati nei libri intitolati *L'Enigma della Mente: Aforismi, La Realtà dell'Io: Aforismi, Foglie d'Autunno* e *Conchiglie*.

NOTICE

The original Italian text of the aphorisms faces the English version as to make the comparison of the Italian and English texts easier for those who wish to do so. For a possible comparison, the same number identifies the same aphorism in Italian and in the English translation. The numeration of the aphorisms begins with the number 4001, since these aphorisms are a continuation of those already published in the books entitled: *The Riddle of the Mind: Aphorisms, The Reality of the Self: Aphorisms, Foglie d'Autunno* and *Sea Shells*.

RINGRAZIAMENTO

Ringrazio mia moglie Anna Maria e i miei figli Roberto e Francesca per avermi pazientemente aiutato a correggere il manoscritto.

ACKNOWLEDGMENTS

I thank my wife Anna Maria and my children Roberto and Francesca for their patient help in correcting the manuscript.

Ai miei lettori
dedico questa parte di me

To my readers
I dedicate this part of myself

INTRODUZIONE

Mario Vassalle appartiene a quel genere di aforisti che si aggirano per il mondo tutto osservando, tutto delibando, e tutto filtrando per poi restituire il distillato di riflessioni ed emozioni in brevi frammenti di verità. Ecco, proprio la verità è tra i punti focali di quest'opera: capace di confortare e disperare, svelare e esiliare, regalare attimi di conflitto e riconciliazione, essa per Vassalle è una luce da mantenere accesa anche quando crea momenti difficili. La priorità è entrare a contatto con il nostro nucleo pulsante, fatalmente difficile e contraddittorio, anche se il prezzo è fare i conti con le nostre debolezze, meschinità, povertà. Come talvolta fanno gli aghi di pino la verità punge, ma la vivacità del pensiero rimane l'unica cosa capace di giustificare il nostro percorrere il vasto universo.

Un pensiero, è il caso di precisare, che mai si scolla dall'emozione: Vassalle sa bene che anche le emozioni sono una forma di pensiero, senza dubbio un necessario catalizzatore, e anzi in molti passaggi le difende come caratteristica propria, si direbbe, del pensiero più elevato perché elastico.

Nella maniera di procedere dell'autore, colpisce quel senso di analisi che rivela la sua formazione di uomo di scienza. Si sente che i suoi aforismi scaturiscono da un'intensa e appassionata (e quanto mai diretta) osservazione e riflessione su quell'entità complessa che è la natura umana. Ne nascono delle conclusioni che si rifiutano alla compiacenza e superficialità e soprattutto alle "audacie" di una facile demagogia. Conclusioni a cui è obbligata una mente abituata ad esprimere non quello che sedurrebbe la sua fantasia o inclinazioni, ma quello che i rigori della verità gli comandano di dedurre. Dopo tutto, non si capisce la natura prestandole le nostre pretese. Inoltre, la verità ha il gran merito di essere vera.

Insomma quello che qui leggiamo è un itinerario plurivalente, reticolare, senza falsi concetti di elevato e quotidiano, con la sola ma frequente condanna della volgarità. Un pensiero, quello del nostro autore, ampio, nobile, insofferente alle vacuità oracolari, che ama scavare goccia a goccia la scorza del reale e dispone (si veda l'aforisma 4482) le sue riflessioni come «sprazzi di luce che illuminano la volta oscura della notte della nostra ignoranza», minuscole stelle ciascuna dotata per noi di poca luce, ma capaci insieme di rappresentare costellazioni. A patto di sapere dove rivolgere lo sguardo.

Sandro Montalto

INTRODUCTION

Mario Vassalle belongs to the kind of aphorists who wander about observing everything, savoring everything, and filtering everything to then give back the distillate of reflections and emotions in short fragments of truth. Indeed, it is the very truth that is among the focal points of this work: it can comfort or drive to despair, reveal or exhilarate, give moments of conflict and reconciliation; the truth for Vassalle is a light to be kept on even when it creates tense moments. The priority is to make contact with our pulsating inner Self, a Self inevitably difficult and contradictory, even if the price is to have to reckon with our weaknesses, pettiness and poverty of spirit. As sometimes pine needles do, the truth can prick, but the vivacity of the mind remains the only thing that is capable of justifying our meandering in the vastness of the universe.

A way of thinking, it must be pointed out, that never separates itself from emotions: the author is well aware that emotions too are a form of thinking, undoubtedly a necessary catalyzer, and indeed in many instances one might say that he defends them as a characteristic that belongs to a most elevated way of thinking, because it is resilient.

In the manner the author proceeds, one is struck by the sense of analysis that reveals the background of a man of science. One perceives that his aphorisms spring from an intense and passionate (and very direct) observation of and reflection on that complex entity that is human nature. Conclusions are derived that refuse complacency and superficiality, and above all the "audacities" of a facile demagoguery. Conclusions to which a mind is bound that is accustomed to expressing not what would seduce its fancy or its inclinations, but what the rigors of truth command it to deduce. After all, we can not understand nature by lending it our pretentions. Furthermore, truth has the great merit of being true.

In summary, what we read here is a multi-purpose, all-pervading itinerary, without false concepts of the sublime and of the common, but with the only frequent condemnation of vulgarity. An intellect, that of our author, broad, noble, intolerant of sententious emptiness, which loves to dig beyond the appearance of the real and which arranges (see aphorism 4482) its reflections like "flashes of light that illuminate the dark vault of the night of our ignorance", tiny stars each endowed for us of a little light, but which, taken together, are capable of creating constellations. As long as one knows were to set his gaze.

Sandro Montalto

PREFAZIONE

Per lo meno quando si indaga la verità, si deve dire la verità (o quello che si crede essere la verità). Che significato avrebbe dire quello che non è vero? Sarebbe distruggere quello che si vuole creare. Certo, si può dire quello che a noi sembra vero e ad altri falso. In tal caso, o si sbaglia noi o sbagliano gli altri (e qualche volta tutti e due). Ma non sarebbe molto proficuo essere d'accordo solo perché nulla è stato detto.

Se bisogna dire la verità, siamo sempre pronti a sentirla? Sembrerebbe di sì, dal momento che è nel nostro interesse imparare quello che è vero, anche se non vogliamo seguirlo. Ma si è sempre pronti a fare il nostro interesse? A questo punto, diventa necessario domandarsi quale sia il nostro interesse. La risposta non è facile. Sembrerebbe che fosse nel nostro interesse quello che è a nostro vantaggio. Ma qui solo si sposta la risposta, perché diventa allora necessario precisare quale sia il nostro vantaggio. Vantaggio riguardo a che cosa?

Se un pranzo è delizioso, perché non mangiare e bere a volontà, dal momento che ci dà piacere (e pertanto sembrerebbe essere vantaggioso). Ma se si prende l'indigestione o semplicemente siamo già troppo grassi, dopo è necessario fare il digiuno. Ora i morsi della fame del digiuno non sono per nulla piacevoli, ma in questo caso sono nel nostro interesse.

Pertanto, una cosa ed il suo contrario possono essere nel nostro interesse, sia pure in situazioni differenti. Inoltre vi sono interessi a corta e lunga scadenza. Per esempio, quanti scolari (se potessero) non andrebbero a scuola (interesse a corta scadenza) danneggiando così in maniera sostanziale il loro futuro (interesse a lunga scadenza).

Così è per la verità: ci può non piacere, ma non è nel nostro interesse ignorarla. Anche se qualche volta punge (come pungono gli **aghi di pino**), si rinuncerà per questo alla necessità e ancor più alla seduzione di capire? Si rinuncerebbe in un pomeriggio d'estate alla serena frescura di una pineta ed al mormorare delle chiome verdi degli aghi di pino nella brezza pomeridiana? Ma soprattutto, la mente cresce solo capendo di più. E poi non bisogna prendere per sé quello che è scritto per tutti, incluso chi scrive. Dopo tutto, è impossibile diventare più piccoli quando si allargano i confini della mente. Ma è facile diventarlo quando non li si allarga o addirittura li si restringe. Ne va di mezzo non solo la quantità, ma la qualità di quello che si pensa e pertanto di quello che si vive.

Mario Vassalle
New York 26 Maggio 2009

At least when one investigates the truth, one must tell the truth (or what one believes to be the truth). What meaning would have it to say what is not true? It would be destroying what we want to create. Certainly, we can say what seems true to us and false to others. In this case, either we are wrong or they are (and sometimes, both are mistaken). But it would not be very advantageous to agree only because nothing has been said.

If we must tell the truth, are we always ready to hear it? It would seem so, since it is in our interest to learn what is true, even if we do not want to follow it. But are we always ready to do our interest? At this point, it becomes necessary to ask what our interest is. The answer is not easy. It would seem that it is in our interest what is to our advantage. But here we only shift the answer, because it then becomes necessary to clarify what is our advantage. Advantage in relation to what?

If a meal is delicious, why not eat and drink at will, since it gives us pleasure (and therefore would seem to be advantageous). But if we get an indigestion or simply we are already too fat, afterwards it is necessary to fast. Now the pangs of hunger of the fasting are not pleasant at all, but in this case they are in our interest.

Therefore, one thing and its opposite may be in our interest, albeit in different situations. In addition, there are short-term interests and long-term interests. For example, how many children (if they could) would not go to school (short-term interest), thereby substantially harming their future (long-term interest).

The same applies to the truth: we may not like it, but it is not in our interest to ignore it. Although sometimes it pricks (as **pine needles** may), will we renounce for that reason the need and even more the seduction of understanding? Would we renounce in a summer afternoon to the serene coolness of a pine forest and the murmur of the green canopy of pine needles in the afternoon breeze? But, above all, the mind grows only by understanding more. And then it is not meant for us what is written for everyone, including the writer. After all, it is impossible to become smaller when we broaden the boundaries of our mind. But we easily become smaller when we do not enlarge them or even we shrink them. What would be compromised would be not only the quantity, but also the quality of what we think and therefore of what we live.

Mario Vassalle
New York, 26 May 2009

AGHI DI PINO

3689. Gli aforismi indagano non solo i meccanismi della mente, ma anche i meandri del labirinto dell'anima.

(da *Conchiglie*)

PINE NEEDLES

3689. Aphorisms investigate not only the working of the mind, but also the meanders of the labyrinth of the soul.

(from *Sea Shells*)

4001. Come "*Gutta cavat lapidem*", così gli aforismi scavano la verità.

4002. L'amore è più forte persino della nostra vanità.

4003. Per crescere, qualcosa di noi deve morire. Per es., un adolescente deve abbandonare gli atteggiamenti e interessi dell'infanzia.

4004. La varietà dei nostri impulsi è all'origine della varietà dei nostri desideri.

4005. Una gioia semplice non avrà mai rimpianti. Semmai sarà rimpianta.

4006. La stessa cosa può essere vista dal basso e dall'alto, da destra e da sinistra, e pertanto sembrare del tutto differente.

4007. Qualsiasi metodo, *per se stesso*, può condurre solo a delle regole.

4008. Che il filtro dell'amore sia straordinario lo dimostra la varietà delle persone che si innamorano reciprocamente.

4009. Non esiste realtà senza la *coscienza* della realtà. Pertanto, per essere, la realtà necessita la presenza di una mente (realtà mentale). Questa è la ragione per cui non c'è realtà per un oggetto inanimato. Ma il fatto che la realtà sia mentale non significa che la mente crei il substrato di cui diveniamo coscienti. Che poi vi sia un substrato molecolare esterno alla mente, percepito (ma non creato) dalla mente, lo dimostra la mente: non si può percepire quello che fisicamente non è presente. Inoltre, mediante sperimentazione, non solo si caratterizzano le molecole del mondo fisico, ma si definiscono le leggi che le regolano.

4010. Una crisi è l'esito violento di tensioni che crescono fino a raggiungere il limite di rottura. Purtroppo, la crisi può non essere una soluzione per nulla, ma solo una crisi.

4011. L'amore ha ben poco a che fare con la bellezza e molto con una ancora in gran parte sconosciuta biochimica, che è iniziata misteriosamente.

4001. As "*Gutta cavat lapidem*", likewise aphorisms dig up the truth.

4002. Love is stronger even than our vanity.

4003. To grow, something of us must die. For example, a teenager must abandon the attitudes and interests of childhood.

4004. The variety of our drives is at the origin of the variety of our desires.

4005. A simple joy will never have regrets. Instead, it will be regretted.

4006. The same thing can be looked at from below and from above, from the left and the right, and therefore seem completely different.

4007. Any method, *in itself*, can only lead to rules.

4008. That the philter of love is extraordinary is demonstrated by the variety of the people who fall reciprocally in love.

4009. There is no reality without the *consciousness* of reality. Therefore, in order to be, reality needs the presence of a mind (mental reality). This is the reason why there is no reality for an inanimate object. But the fact the reality is mental does not mean that the mind creates the substrate of which we become aware. That there is a molecular substrate external to the mind, perceived (but not created) by the mind is demonstrated by the mind: we can not perceive what physically is not present. Further, through experimentation, not only do we characterize the molecules of the physical world, but also we define the laws that regulate them.

4010. A crisis is a violent outcome of tensions that have reached the breaking point. Unfortunately, the crisis may not be a solution in the least, but only a crisis.

4011. Love has little to do with beauty and plenty with a still largely unknown biochemistry, which is mysteriously set in motion.

4012.   L'amore è uno dei mezzi più potenti di cui si serve la natura per i suoi scopi, il più importante essendo l'ordinata continuazione della specie. Ma l'amore in se stesso è uno degli scopi essenziali: senza l'amore si rischia un deserto d'emozioni.

4013.   Se si potesse fermare il presente, ben presto ci si renderebbe conto quale orribile sbaglio sarebbe.

4014.   Si può essere sinceri anche quando in tempi diversi si dicono e si fanno cose opposte. La sincerità riflette il cambiamento di opinione, di interessi o della situazione. Il cambiamento non ha nulla a che fare con la sincerità.

4015.   I misteri della simmetria. "Se io non sono d'accordo con te, questo non significa necessariamente che io abbia ragione" è un'affermazione che trova il consenso generale. Ma se si aggiunge "Se tu non sei d'accordo con me, questo non significa necessariamente che io abbia torto", l'affermazione è ricevuta da un silenzio freddo.

4016.   Riflettendo si capisce di più, ma alla fine non si riesce ad andare oltre. Ci si ferma, confusi, ai confini della nostra mente, circondati dall'abisso senza fondo di un impenetrabile mistero.

4017.   Anche se non si capiscono i grandi misteri dell'esistenza, collettivamente, come esseri umani, siamo certo uno spettacolo straordinario.

4018.   Il pericolo di pensar troppo è quello di non vivere abbastanza.

4019.   L'importanza delle piccole seccature quotidiane diminuirebbe molto se le guardassimo con l'indifferenza che sembrerebbero meritarsi.

4020.   L'indifferenza verso la filosofia evita tante domande scomode e imbarazzanti e, nell'opinione di qualcuno, anche superflue.

4021.   L'audacia di certi costumi da bagno sembra di voler mostrare che la rete delle grinze non si limita al viso.

4012. Love is one of the most powerful means that nature uses for its aims, the most important being the orderly continuation of the species. But love itself is one of the essential aims: without love we risk a desert of emotions.

4013. If we could stop the present, pretty soon we would realize what a horrible mistake it would be.

4014. One can be sincere even when at different times one says or does opposite things. Sincerity reflects the change of opinion, of interests or of a situation. Those changes have nothing to do with sincerity.

4015. The mysteries of symmetry. "If I do not agree with you, this does not mean that I should be necessarily right" is a statement that meets with everybody's nod of approval. But if one adds "If you do not agree with me, this does not mean that I should be necessarily wrong", the statement is met with a cool silence.

4016. By reflecting we understand more, but in the end we are unable to proceed further. We stop, confused, at the boundaries of our mind, surrounded by the bottomless abyss of an impenetrable mystery.

4017. Even if we do not understand the great mysteries of existence, collectively, as human beings, we are certainly an extraordinary spectacle.

4018. The danger of thinking too much is that of not living enough.

4019. The importance of daily small nuisances would greatly decrease if we were to look at them with the indifference that they would seem to deserve.

4020. Indifference towards philosophy avoids many awkward and embarrassing questions and, in the opinion of some people, even superfluous ones.

4021. The audacity of some bathing suits seems to be wanting to show that the web of wrinkles is not limited to the visage.

4022. Chi è caritatevole non vuole essere l'oggetto della carità altrui. E chi non è caritatevole, spesso può tentare di approfittare della carità degli altri.

4023. La potenza politica o finanziaria favorisce l'altrui servilismo nella ricerca del proprio vantaggio.

4024. La forza dell'amore risiede nel fatto che non è obbligato ad essere logico. Il che ne facilita l'universalità.

4025. È perfettamente naturale voler essere brillanti, ma non ci si deve immaginare che questo sia abbastanza per esserlo di fatto.

4026. La coscienza dei propri meriti ne aumenta la responsabilità: non si vorrà intenzionalmente ridurli.

4027. Abbiamo diritto alla gioventù del corpo tra l'adolescenza e l'inizio della maturità, e alla giovinezza della mente finché siamo capaci di coltivarne i fermenti creativi.

4028. Si può avere una veduta panoramica solo dopo un'aspra salita.

4029. Del proprio cinismo si può essere soprattutto la vittima.

4030. Se il grasso potesse pensare, ci sarebbero molti grandi pensatori.

4031. La noia genera l'irrequietezza e l'irrequietezza rende più acuta la noia.

4032. Essere idealisti è segno di gioventù. L'idealismo ignora le esperienze del passato e ha fiducia nelle speranze del futuro.

4033. L'ordinaria conversazione è come la lettura dei giornali: si vengono a sapere le ultime novità che si dimenticano il giorno dopo.

4034. Nell'erudizione, l'aspetto quantitativo non è da considerare inferiore a quello qualitativo. In qualcuno dei commenti, si legge con piacere ed interesse il "pettegolezzo" che è dietro ad ogni capolavoro. Introducono nuove prospettive.

4022.   If one is charitable, one does not want to be the object of others' charity. And if one is not charitable, oftentimes one may try to take advantage of the charity of others.

4023.   Political or financial power favors the servility of others in the search of their own advantage.

4024.   The strength of love is that it is not obliged to be logical. This facilitates its universality.

4025.   It is perfectly natural to want to be brilliant, but we should not imagine that it is enough for actually being so.

4026.   The awareness of one's own merits augments their responsibility: one would not want intentionally to decrease them.

4027.   We are entitled to the youth of the body between adolescence and the beginning maturity and to the youth of the mind as long as we are able to cultivate its creative ferments.

4028.   One can have a panoramic view only after a hard climb.

4029.   Of one's own cynicism one can be first and foremost the victim.

4030.   If fat tissue could think, there would be many great thinkers.

4031.   Boredom generates restlessness and restlessness renders boredom more acute.

4032.   Being idealist is a sign of youth. Idealism ignores the experiences of the past and trusts the hopes of the future.

4033.   Ordinary conversation is like reading the newspapers: we learn the latest news that we will forget the following day.

4034.   In erudition, the quantitative aspect should not be considered inferior to the qualitative one. In some of the comments, one reads with pleasure and interest the "gossip" that lies behind every masterpiece. They introduce new perspectives.

4035. Non è sufficiente cercare se stessi: bisogna trovarsi. O forse, è meglio di no.

4036. Le bandiere visualizzano il vento e la sua direzione. Similmente, talvolta lo sguardo visualizza i pensieri e la loro direzione.

4037. Il linguaggio dei gesti e quello delle espressioni del viso non ha bisogno di essere tradotto. È un linguaggio "biologicamente" universale.

4038. Quello che riteniamo assurdo può rivelare quanto possiamo esserlo noi.

4039. Quando abbiamo sperperato i nostri sentimenti, il nostro vuoto ironizza sui sentimenti degli altri. Ma è un'ironia amara.

4040. Il silenzio è d'oro quando quello che si potrebbe dire è meglio tenerselo per sé, o quando non si ha nulla da dire.

4041. A tutti è dato il privilegio di sfilare ed esibirsi sul palcoscenico della vita. Di qui, l'opportunità di avere un certo stile.

4042. Nel cercare di sminuire gli altri ingiustamente, si sminuisce noi stessi meritatamente.

4043. Le glorie degli antenati sono un'eredità pesante per i loro discendenti. Ma sarebbe molto peggio essere diseredati.

4044. Occasionalmente, si legge una cosa che ci piace tanto che ci dispiace di non averla detta noi.

4045. Quando si riflette, si sottopongono i nostri pensieri ad un esame critico. Succede anche che i pensieri possano passare l'esame, nonostante che siano sbagliati.

4046. La volgarità si rivela nella trivialità del linguaggio usato. Succede per le menti ineducate e quelle educate.

4047. Possiamo essere infelici perché si desiderano cose che, se si ottenessero, ben presto ci farebbero molto più infelici.

4035. It is not sufficient to seek oneself: one has to find oneself. Or perhaps, it is better not to.

4036. Flags visualize the wind and its direction. Likewise, the gaze of the eyes sometimes visualizes thoughts and their direction.

4037. The language of gestures and that of the expressions of the visage do not need to be translated. It is a "biologically" universal language.

4038. What we deem absurd may reveal how much we can be so.

4039. When we have wasted our sentiments, our emptiness becomes ironic about the sentiments of others. But it is a bitter irony.

4040. Silence is golden when what we could say is best kept to ourselves, or when we have nothing to say.

4041. To all the privilege is given of parading and exhibiting oneself on the stage of life. Hence, the advisability of having a certain style.

4042. In trying to unjustly belittle others, we deservedly belittle ourselves.

4043. The glories of the ancestors are a heavy heredity for their descendants. But it would be much worse to be disinherited.

4044. Occasionally, we read something that we like so much that we dislike not having said it ourselves.

4045. When we reflect, we subject our thoughts to a critical examination. It happens also that the thoughts may pass the test, in spite of the fact that they are wrong.

4046. Vulgarity reveals itself in the coarseness of the words used. It happens with uneducated and educated minds.

4047. We may be unhappy because we desire things that, if obtained, pretty soon would make us much unhappier.

4048. Non si capiscono le cose oscure o perché sono troppo profonde o perché non c'è nulla da capire. La parte difficile è capire quale sia il caso.

4049. Se ci si sente dominati e costretti da quello che si deve fare, non lo si ama.

4050. Quando s'invecchia, si è ansiosi di andare in pensione come se la pensione non accelerasse l'invecchiamento.

4051. Per essere gelosi di chi si ama, non occorre neanche amare. È sufficiente essere gelosi di natura.

4052. Il sommarsi delle riflessioni dipinge un ritratto della realtà, ma bisogna vedere se il ritratto è somigliante.

4053. Le realtà storiche non sono il frutto di desideri, ma di potenti forze contrastanti di cui spesso si ha poco controllo. Ma l'abilità dei protagonisti può fare una considerevole differenza nella qualità della rappresentazione.

4054. Che una nazione faccia i suoi interessi è comprensibile, ma che faccia gli interessi di un'altra nazione, contro i propri interessi, lo è un po' meno.

4055. Un capo di stato deve perseguire gli interessi della sua nazione e di quelli che lo hanno eletto, e non le sue inclinazioni o le sue voglie personali.

4056. Ognuno fa quello che la sua natura gli rende piacevole o desiderabile.

4057. Non si può ottenere più di quello a cui la nostra inerzia aspira.

4058. La colpa più grave del cinismo è l'incapacità di provare la dolcezza non solo delle speranze, ma persino delle illusioni.

4059. Non sempre le virtù rendono virtuosi. Si può essere solo le vittime della loro acidità.

4048. We do not understand obscure things either because they are too deep or because there is nothing to understand. The difficult part is to understand which is which.

4049. If we feel dominated and constrained by what we have to do, we do not love it.

4050. When we age, we are anxious to retire as if retirement would not accelerate aging.

4051. To be jealous of the beloved, one does not need even to love. It is sufficient to be of a jealous disposition.

4052. The summing up of reflections paints a portrait of reality, but it remains to be seen if the portrait is alike.

4053. The realities of history are not the result of desires, but of powerful contrasting forces of which there is often little control. But the ability of the protagonists may make a considerable difference in the quality of the performance.

4054. That a nation should look after its own interest is understandable, but that it should look after the interests of another nation, against its own interests, is a little less understandable.

4055. The head of a nation must pursue the interests of his nation and of those who elected him, and not his personal inclinations or whims.

4056. Everyone does what one's nature makes pleasurable or desirable for him.

4057. We can not obtain more than that to which our indolence aspires.

4058. The most serious fault of cynicism is the incapability to feel the sweetness not only of hopes, but even of illusions.

4059. Not always do virtues make one virtuous. One may be only the victim of their acidity.

4060. Senza cambiamenti, non ci può essere progresso. Naturalmente, questo è vero anche per il regresso. La differenza sta nella qualità di quello che è nuovo e non nel cambiamento per sé.

4061. Il cambiamento è inevitabile, perché ci sono sempre menti nuove. Altrettanto inevitabilmente, la qualità del cambiamento dipende dalla qualità delle menti nuove e delle possibilità disponibili.

4062. Non si può ordinare alla genetica menti eccezionali, ma una società può favorire od ostacolare lo sviluppo del merito. Favorirlo già richiede menti illuminate.

4063. La razionalità non si rende conto della miopia d'essere solo razionali, come se l'essenza della mente si esaurisse nella logica.

4064. La concezione di Dio in diverse epoche e in diversi popoli necessariamente riflette il grado si sviluppo di una società. Di qui la decadenza delle religioni più primitive, dal momento che non possono evolversi con il cambiare della conoscenza. Per esempio, se i fenomeni meteorologici sono spiegati dalla fisica, diventa difficile continuare a credere che i fulmini siano dovuti all'ira di Giove.

4065. Qualcuno prende le decisioni non con il cervello, ma col naso: solo dopo aver fiutato il vento della convenienza.

4066. L'identità del nostro passato è affidata alla nostra memoria.

4067. Si può essere eccentrici o non convenzionali in una maniera convenzionale. La sola maniera di non essere convenzionali è di essere originali e creativi.

4068. La superficialità ha paura di dire cose semplici, dirette e vere per paura di sembrare ovvia. Allora si dicono cose che sono tanto pretenziose quanto sono irrilevanti e intrinsecamente fatue. Cose che (per lo meno dentro) fanno ridere, anche se sono accolte da un applauso formale per la stessa ragione. Cioè, la paura di essere considerati antiquati, non abbastanza intelligenti e di non associarsi alla prevalente insignificanza.

4060. Without changes, there can not be progress. Naturally, this is true also for regress. The difference resides in the quality of what is new and not in the change per se.

4061. Change is inevitable, because there are always new minds. Likewise inevitably, the quality of change depends on the quality of the new minds and on the opportunities available to them.

4062. We can not place an order to genetics for exceptional minds, but a society can facilitate or hinder the development of merit. Facilitating its development requires enlightened minds.

4063. Rationality does not realize the myopia of our being only rational, as if the essence of the mind were limited to logic.

4064. The conception of God in different epochs and in different people necessarily reflects the degree of development of a society. Hence, the decadence of the more primitive religions since they can not evolve with changing knowledge. For example, if the meteorological phenomena are explained by physics, it becomes difficult to continue to believe that lightening is due to the wrath of Jove.

4065. Some people make a decision not with the brain, but with the nose: only after having smelled the wind of convenience.

4066. The identity of our past is entrusted to our memory.

4067. One can be an eccentric or unconventional person in a conventional way. The only way not to be conventional is to be original and creative.

4068. Superficiality is afraid of stating simple, direct and true matters for fear of seeming obvious. We then say things that are as pretentious as they are irrelevant and intrinsically fatuous. Things that (at least within) make one laugh, even if they are received with a formal applause for the same reason. That is, fear of being considered out of date, not sufficiently intelligent and of not associating with the prevalent insignificance.

4069. Sulla spiaggia, una donna incinta in bikini sacrifica la propria attrattiva presumibilmente per abbronzare l'embrione.

4070. La mancanza di talento sostituisce i pensieri originali con le sciocchezze originali.

4071. Se non è vero, un aforisma "brillante" è come un diamante falso.

4072. Un'intuizione è un lampo della mente che va istintivamente dallo stimolo alla conclusione, omettendo le deduzioni della logica.

4073. Si può essere provinciali sia nell'ignorare le altre culture sia nell'imitarle.

4074. La prima impressione è spesso quella giusta perché è istintiva. Dopo, le cose sono complicate dall'intervento di considerazioni interessate o di deduzioni sbagliate.

4075. L'affetto e l'amor proprio dei genitori cercano di stimolare i loro figli ad avere aspirazioni più alte di quelle che i figli avrebbero altrimenti.

4076. La verità non ha sostituti, dal momento che i sostituti (non essendo la verità) sarebbero per forza falsi.

4077. Nello sforzo di essere all'avanguardia, si finisce con l'esprimersi con i barocchismi del passato in veste moderna.

4078. Per voler essere santi, bisogna essere travolti dall'amore verso Dio.

4079. Qualche volta, uno commette i peccati perché attratto dalla torbidezza della loro impurità.

4080. Non si analizza la realtà se non col bisturi di una distaccata acutezza, anche se qualche volta la dissezione è dolorosa, irritante, spiacevole o offensiva (per noi).

4081. L'odio non solo non risparmia l'amore, ma cresce con quello. Quanto più un santo ama la virtù, tanto più odia il vizio.

4069. On the beach, a pregnant woman wearing a bikini sacrifices her attractiveness presumably to tan the embryo.

4070. A lack of talent substitutes original thoughts with original nonsense.

4071. If it is not true, a "brilliant" aphorism is like a false diamond.

4072. An intuition is a flash of the mind that instinctively goes from the stimulus to the conclusion, bypassing the deductions of logic.

4073. One can be provincial either in ignoring other cultures or in imitating them.

4074. The first impression is often the right one because it is instinctive. Afterwards, things get complicated by the intervention of interested considerations or of wrong deductions.

4075. The affection and pride of the parents seek to stimulate their children to have aspirations higher than the children would otherwise have.

4076. Truth has no substitutes, since (the substitutes not being the truth) they would per force be false.

4077. In an effort to be on the avant-garde, we end up expressing the faults of the baroque style under a modern cover.

4078. In wanting to be a saint, one has to be overwhelmed by love toward God.

4079. Sometimes, one commits sins because one is attracted by the turbidity of their impurity.

4080. One can not analyze reality except with the lancet of a detached sharpness, even if sometimes the dissection is painful, irritating or offensive (for us).

4081. Hatred not only does not spare love, but it grows with it. The more a saint loves virtue the more he hates vice.

4082. È curioso come sia seria la gente quando fa all'amore. Forse, perché sono i protagonisti di un dramma che li ha scelti e sono interamente posseduti dall'intensità del desiderio. Semmai ridono dopo, felici e rilassati. Il dramma riguarda il miracolo della creazione di una nuova vita.

4083. La vita può essere come una sinfonia, in cui ciascuno suona le note assegnateli sotto la direzione della bacchetta del Direttore d'orchestra. Ognuno con lo strumento musicale di sua "scelta". Il problema non è l'essere una parte obbligata di un tutto, ma la qualità della contribuzione personale e della sinfonia a cui si contribuisce.

4084. La praticità non comprende quello che le è superiore, perché è troppo pratica per farlo.

4085. La spiegazione dei sacrifici di tanti soldati al seguito di grandi condottieri è probabilmente il fatto che vogliono (o si credono di) partecipare alla gloria di quelli. In realtà, si tratta di leggi che regolano il comportamento di grandi masse di individui, dove il coraggio è considerato la più grande virtù e la vigliaccheria il peggior peccato.

4086. Le passioni non hanno il senso dell'umorismo.

4087. Può darsi che un'intuizione necessiti di un'esperienza inconsapevole che le permette di vedere immediatamente e istintivamente la relazione tra stimolo e conseguenza.

4088. Il potere trova difficile moderarsi nel nome della giustizia quando si crede sufficientemente potente da potersi permettere di non essere giusto. Questo non si applica solo alle dittature.

4089. La storia si preoccupa di vincere, non di essere santa. Se per vincere deve sembrare santa, la storia fa anche quello.

4090. La prima e fondamentale legge della storia è la sopravvivenza di un popolo: a questo fine, può sacrificare un numero enorme d'individui. Non si sente neanche il rimorso per tale sacrificio, perché li consideriamo eroi (come, in effetti, sono).

4082. It is curious how serious people are when they make love. Perhaps because they are the protagonists of a drama that chose them and they are entirely possessed by the intensity of desire. If ever, they laugh afterwards, happy and relaxed. The drama concerns the miracle of the creation of a new life.

4083. Life can be like a symphony, in which each one plays the notes assigned to him under the direction of the baton of the Director of the orchestra. Each one with the musical instrument of his "choice". The problem is not being an obligatory part of a whole, but the quality of the personal contribution and of the symphony to which one contributes.

4084. Practicality does not understand what is superior to it, because it is too practical to do it.

4085. An explanation of the sacrifices of so many soldiers who follow great military leaders is probably the fact that they want (or believe) to participate in the glory of their leader. In reality, one deals with laws that regulate the behavior of great masses of individuals, where courage is considered is greatest virtue and cowardice the worst sin.

4086. Passions do not have a sense of humor.

4087. It is possible that an intuition necessitates an unconscious experience that allows it to see immediately and instinctively the relation between stimulus and consequence.

4088. Power finds it difficult to restrain itself in the name of justice when it believes to be sufficiently powerful to allow itself not to be just. This does not apply only to dictatorships.

4089. History wants to win, not to be saintly. If in order to win it must seem saintly, history does that too.

4090. The first and fundamental law of history is the survival of a nation: to this end, it may sacrifice an enormous number of its people. We do not feel any remorse for such sacrifice because we consider them heroes (as in effect they are).

4091. Sullo scacchiere della storia, il potere appartiene alla forza che prevale. In epoche differenti, questa forza è la superiorità in campi differenti (militare, economico, morale, immorale, della giustizia, dell'ingiustizia, delle circostanze favorevoli, ecc.). Secondo il clima del momento, gli stessi soprusi del potere o vengono esaltati come realizzazioni del regime o vengono mascherati da un ipocrita "moralità". Ma non bisogna rimproverare alla storia le qualità che non può avere. La storia risulta dallo scontro di forze (spesso brutali), e non dalle buone intenzioni. La stessa giustizia è usata come strumento per aumentare la propria forza (per es., provocando lo sdegno per le atrocità del nemico mentre si nascondono le proprie atrocità), e non per perseguire l'equità.

4092. Per fare la storia bisogna essere immorali? Non necessariamente, ma (storicamente) amorali sì. Basta considerare le parole e le azioni di chi fa la storia. Personalmente, i protagonisti possono essere anche meglio della maggior parte della gente, ma la loro abilità e comprensione devono seguire le leggi della storia e non le loro convinzioni personali. Gli standard di giustizia sono tali che una diretta conseguenza della sconfitta è che chi perde ha sempre torto. E il vincitore non è mai un criminale di guerra anche se ha tutte le carte in regola per esserlo.

4093. Delle persone grandi si sanno i difetti che condividono con tutti, ma la grandezza delle loro opere fa ignorare i difetti, dal momento che la loro grandezza non la condividono con nessuno.

4094. Gli albori del tramonto sono l'alba del crepuscolo. Certamente, dell'alba il tramonto può avere la stessa intensa delicata bellezza.

4095. L'amore necessariamente comporta sia la felicità che l'infelicità. Solo l'indifferenza ignora sia l'una che l'altra. Non per nulla, l'indifferenza è così spesso insignificante.

4096. L'acutezza è come una lente d'ingrandimento. Fa vedere con maggior chiarezza una cosa in particolare, ma al costo di sfocare l'ambiente circostante. Pertanto, nell'acutezza i confini della chiarezza sono più ristretti di quelli dell'intelligenza. Nell'acutezza manca una visione generale e comprensiva.

4091. On the chessboard of history, power belongs to the force that prevails. In different epochs, this force is the superiority in different fields (military, economic, moral, immoral, of justice, of injustice, of favorable circumstances, etc). Depending on the climate of the moment, the same abuses of power either are exalted as a realization of the regime or are masked by a hypocritical morality. But we can not reproach to history qualities that it can not have. History results from a clash of forces (often brutal), and not by well-meaning intentions. The very justice is used as an instrument to increase one's force (e.g., by provoking indignation for the atrocities of the enemy while we hide our own atrocities), and not by pursuing equanimity.

4092. To make history one has to be immoral? Not necessarily, but (historically) amoral yes. It suffices to consider the words and the actions of those who make history. Personally, the protagonists may be better than most people, but their ability and understanding must follow the laws of history and not their personal convictions. The standards of justice are such that a direct consequence of defeat is that the defeated is always wrong. And the winner is never a war criminal even if what he has done qualifies him for being so.

4093. Of the great people one knows the faults that they share with others, but the greatness of their works makes us ignore their faults, since they do not share their greatness with anybody else.

4094. The dawning of sunset is the dawn of dusk. Certainly, sunset can have the same intense delicate beauty of dawn.

4095. Love necessarily includes both happiness and unhappiness. Only indifference ignores both the former and the latter. That is why indifference is so often insignificant.

4096. Sharpness is like a magnifying lens. It makes one see with greater clarity a thing in detail, but at the expense of putting the general surroundings out of focus. Therefore, in acuteness the boundaries of clarity are narrower than those of intelligence. In sharpness a general and comprehensive vision is missing.

4097. Quando si ha un'intuizione che ci sorprende, la nostra vanità solletica la compiacenza del nostro intelletto.

4098. La nostra pochezza si stanca prima dei meriti che dei difetti altrui.

4099. In certe occasioni, ci si può sentire magnanimi solo perché siamo mediocri.

4100. Se si fosse sempre "obiettivi", si sarebbe noiosi a tanti. E qualche volta si irriterebbe anche noi stessi per voler vedere anche "quell'altro" aspetto che le nostre passioni sono fermamente decise ad ignorare.

4101. Persino nel nostro intimo, si teme *tutta* la verità circa noi stessi. Solo un imbecille si approva al 100%.

4102. Non è che ciascuno *debba essere* se stesso. Ciascuno *è* se stesso, anche nei casi in cui uno non voglia esserlo (il non voler esserlo essendo dovuto all'inclinazione naturale di quella personalità). Se poi uno sogna un se stesso che non esiste, di fatto *è* ancora se stesso, cioè un sognatore.

4103. La necessaria varietà non può essere ottenuta che al prezzo della disuguaglianza.

4104. Le convinzioni non tollerano compromessi, finché non sono rose dai propri dubbi.

4105. La paura del pettegolezzo altrui trattiene molte persone dal fare quello che non dovrebbero comunque fare.

4106. Non credere in nulla non significa che nulla può essere creduto, ma che abbiamo perduto la freschezza, gli slanci e gli abbandoni del nostro spirito. Talvolta, si tratta solo di una profonda (e se va bene, temporanea) stanchezza.

4107. L'egoismo non tiene compagnia neanche a chi è egoista. In realtà, un egoista si rinchiude nel bozzolo della sua prigione.

4097. When we have an intuition that surprises us, our vanity tickles the complacency of our intellect.

4098. Our smallness tires sooner of the merits than of the faults of others.

4099. In some occasions, we may feel magnanimous only because we are mediocre.

4100. If we were always "objective", we would bore many. And sometimes we would also irritate ourselves by wanting to see "the other" aspects that our passions are firmly determined to ignore.

4101. Even in our inner core, we fear the *whole* truth about ourselves. Only an imbecile approves himself 100%.

4102. It is not that everyone *should be* himself. Everyone *is* himself, even when one does not want to be so (not wanting to be so being due to the natural inclination of that personality). If then one dreams a himself that does not exist, actually he still *is* himself, namely, a dreamer.

4103. The necessary variety can not be obtained if not at the price of inequality.

4104. Convictions do not tolerate compromises, until they are eroded by their own doubts.

4105. Fear of gossip by others restrains many people from doing what they should not do anyway.

4106. Not to believe in anything does not mean that nothing can be believed, but that we have lost the freshness, the impulses and the abandons of our spirit. Sometimes, it is a matter of a profound (and hopefully temporary) tiredness.

4107. Egoism does not keep company even to those who are egoists. In actuality, an egoist shuts himself in the cocoon of its prison.

4108. Non si deve credere che la genetica sia responsabile solo della normalità. Necessariamente la genetica è responsabile anche delle eccezioni superiori o inferiori alla media. Questo deriva "meccanicamente" da considerazioni statistiche e "funzionalmente" dalla necessità di una Varietà che dia significato agli eventi che si verificano sulla scena umana. Per esempio, si possono immaginare le conseguenze disastrose *per tutti* se si eliminassero tutte le eccezioni superiori alla norma.

4109. La vanità è come una nebbia che ci protegge dall'essere visti troppo chiaramente da noi stessi e qualche volta dagli altri.

4110. Quello che è nuovo dovrebbe avere una freschezza spontanea, piacevole e seducente.

4111. Ci si mimetizza a noi stessi con l'incomprensione, le illusioni, la miopia e l'ambiguità.

4112. Il tempo non scorre: il tempo corre. Il tempo non corre: il tempo vola. Vola dal futuro al passato. Ma in realtà siamo noi individualmente che si passa mentre il tempo rimane.

4113. Non è attraente che si sappia così poco? Rimane tanto ancora da imparare! E se non lo impareremo mai, c'è pur sempre il fascino del mistero e i voli dell'immaginazione.

4114. Per definizione, quello che non è poetico è prosaico e questo non esclude certe poesie.

4115. L'ipocrisia non confesserà mai il suo cinismo, pena la sua morte. Dopo tutto, il suo dovere è di mentire dissimulando la difesa della virtù.

4116. Il massimo della stringatezza è il silenzio. Purtroppo, il silenzio può risultare anche da non avere niente da dire. Ma in tal caso il silenzio ha il merito di essere pudico.

4117. La Necessità cesserebbe di essere la Necessità se avesse bisogno di giustificazioni antropomorfiche.

4108. One should not believe that genetics is responsible only of norma-lity. Necessarily, genetics is responsible also of the exceptions above or below the mean. This derives "mechanically" from stati-stical considerations and "functionally" from the necessity of a Variety that gives meaning to the events that occur on the human scene. For example, one can imagine the disastrous consequences *for everyone* if all the exceptions above the norm were to be abo-lished.

4109. Vanity is like a fog that protects us from being seen too clearly by ourselves and sometimes by others.

4110. What is new should have a spontaneous, pleasant and seductive freshness.

4111. We camouflage us to ourselves with incomprehension, illusions, myopia and ambiguity.

4112. Time does not flow: time runs. Time does not run: time flies. It flies from the future into the past. But in reality it is we individu-ally that pass while time stays.

4113. Is it not attractive that we should know so little? So much still remains to be learned! And if we will never learn it, there are always the fascination of mystery and the flights of imagination.

4114. By definition, what is not poetic is prosaic and this does not exclude some poems.

4115. Hypocrisy will never confess its cynicism under pain of its death. After all, its duty is to lie under the cloak of defending virtue.

4116. The height of conciseness is silence. Unfortunately, silence may also result from having nothing to say. But in such a case silence has the merit of being demure.

4117. Necessity would cease to be Necessity if it needed anthropomor-phic justifications.

4118. Dialogare è difficile perché ogni tanto bisogna ascoltare. Ma è difficile ascoltare anche durante le pause in cui noi non si parla dal momento che si pensa a quello da dire dopo.

4119. Il pregiudizio tira le sue conclusioni prima di informarsi, perché decide sulla base delle sue prevenzioni. Questa è la base della sua "indipendenza" di giudizio.

4120. Si cerca di avere una mente aperta e obiettiva, ma ci si irrigidisce rapidamente quando si è esposti a qualcosa che va contro le nostre convinzioni, pregiudizi o vantaggi. La nostra mente più che aperta, è "socchiusa", pronta a chiudersi completamente in sé come un'ostrica. Può essere veduta come una difesa che qualche volta è legittima e altre volte è indifendibile.

4121. Ci sono occasioni e pericoli tanto nel dire la verità come nel non dirla. Dipende anche a chi la si dice o non la si dice.

4122. Una cosa non vera non può essere scientifica, ma può essere audace dal punto di vista "filosofico" e persino deliziosa dal punto di vista poetico.

4123. Spesso, si sentono e si dicono tante cose così assurde che non è neanche divertente, ma certo lo è la loro grande varietà.

4124. Qualche volta si dice quello che non si pensa (ma che tutti dicono) solo per mancanza di carattere.

4125. Talvolta si vuol fare della "poesia" quando si dovrebbe fare della prosa, e della prosa quando si dovrebbe fare della poesia. Vogliamo aver successo in un campo che non è il nostro.

4126. Il cinismo non è compatibile con la fiducia in se stessi.

4127. Nell'arte, un'offesa contro la bellezza dovrebbe essere punita con una multa severa e una recidiva con la prigione.

4128. Come tutto, la praticità ha i suoi meriti. Tuttavia, se lasciata a se stessa, non solo i sogni e i voli di fantasia non esisterebbero, ma neanche l'arte.

4118. To converse is difficult because once in a while one must listen. But it is difficult to listen even during the pauses in which we do not speak, since we think about what to say next.

4119. Prejudice draws its conclusions before inquiring, because it decides on the basis of its bias. This is the basis for its "independence" of judgment.

4120. We try to have an open and objective mind, but we rapidly stiffen when we are exposed to something that goes against our convictions, prejudice or advantages. Our mind, more than open, is "half-open", ready to completely shut itself in like an oyster. It may be viewed as defense that sometimes is legitimate and sometimes is indefensible.

4121. There are opportunities and dangers in saying the truth as in not saying it. It depends also to whom we say or do not say it.

4122. Something untrue can not be scientific, but it can be daring from a "philosophical" point of view and even delightful from a poetical point of view.

4123. Often, we hear and say many things that are so absurd that it is not even funny, but certainly their great variety is so.

4124. Sometimes we say what we do not believe (but everyone says) only for lack of character.

4125. On occasion, one means to write "poetry" when one should write prose, and prose when one should write poetry. We want to succeed in a field that is not ours.

4126. Cynicism is not compatible with self-confidence.

4127. In art, an offense against beauty should be punished with a severe fine and a relapse with prison.

4128. As everything, practicality has its own merits. However, if left to its own means, not only dreams and flights of fantasy would not exist, but not even art.

4129. Quello che si crede può essere sbagliato, ma mai così tanto quanto il non credere in nulla.

4130. Certamente, ciascuno deve perseguire la bellezza. Sarebbe colpevole averne l'impulso e non tentare. Si aggiunge la nostra contribuzione unica alla varietà del nostro tempo. Se poi si fallisce, tutt'al più si svanisce gradualmente e con grazia nelle nebbie dell'oblio.

4131. Se il solo buon senso governasse l'umanità, saremmo divorati dalla mediocrità.

4132. L'umiltà ci riscatta dalla ridicola superficialità della vanità.

4133. Alla sua maniera, ciascuno di noi è necessario, non individualmente, ma come una delle infinite molecole senza le quali non può esistere una realtà varia e complessa.

4134. Il non far nulla non prova nulla. Solo preclude la possibilità di aver successo.

4135. Il desiderio fa sembrare i peccati irresistibilmente attraenti. E più attraenti quanto più forte è il desiderio, o più torbido.

4136. I nostri fallimenti ci rendono sobri, o per lo meno ci provano.

4137. Nessuno è esente da critiche, neanche se uno non fa nulla (in tal caso gli si rimprovera quello). Inoltre, nessuno è esente dal bisogno di criticare.

4138. Difendendo i propri errori non si dimostra che siamo decisi, risoluti, coraggiosi o coerenti, ma piuttosto che siamo bugiardi o che siamo ottusi e ostinati, e pertanto anche pericolosi.

4139. Il pessimismo non è giustificato neanche quando è giustificabile (o perfino giustificato).

4140. Si vogliono credere le bugie "convenienti", anche se sappiamo che sono bugie. Tra queste, ci sono le bugie dell'adulazione.

4129. What we believe may be wrong, but never so much as not to believe in anything.

4130. Certainly, everyone must pursue beauty. It would be culpable to have the urge for it and not to try. We add our unique contribution to the variety of our times. If then we fail, at most we fade gradually and gracefully into the mist of oblivion.

4131. If only common sense were to rule humanity, we would be devoured by mediocrity.

4132. Humility ransoms us from the ridiculous superficiality of vanity.

4133. In one's own way, each of us is necessary, not individually, but as one of the infinite molecules without which there can not be a varied and complex reality.

4134. Doing nothing proves nothing. It only precludes the opportunity of succeeding.

4135. Desire makes sins appear irresistibly attractive. And more attractive the stronger the desire is, or the muddier.

4136. Our failures make us sober, or at least they try to do so.

4137. Nobody is exempt from criticism, not even if one does nothing (in that case, one is reproached for that reason). Furthermore, nobody is exempt from the urge of criticizing.

4138. Defending our own errors, we do not prove that we are decisive, resolute, courageous or coherent, but rather that we are either liars or dumb and obstinate, and therefore dangerous.

4139. Pessimism is not justified even when it is justifiable (or even justified).

4140. We want to believe "convenient" lies, even if we know that they are lies. Among these lies, are those of adulation.

4141. Le delusioni sono speranze che si sono sbagliate.

4142. Credendosi di cantare appassionatamente, qualcuno urla.

4143. La morte che consegue alle devastazioni dell'età pone fine ad una vita che non ha più significato. Ma in tutti gli altri casi è un dramma tragico.

4144. La malinconia si sente cullata da una musica malinconica.

4145. Solo l'arte può dare a una vicenda squallida le emozioni della poesia. Per farlo, si richiede la sensibilità di un artista, come dimostrato dalla bellezza di certi film.

4146. I piaceri sono fatti di emozioni e sensazioni specifiche e del loro ricordo. I piaceri in generale forse non esistono neanche per i filosofi.

4147. Non vi è piacere senza emozioni, ma ci sono emozioni senza piacere.

4148. Sia l'amore che l'odio possano essere forti passioni, ma la passione d'amore è pressoché universale e obbligatoria, mentre quella dell'odio è meno frequente, talvolta meschina e mai lirica.

4149. L'anima sarebbe assai più tranquilla se non fosse per il fatto che ogni tanto si vede nello specchio.

4150. La realtà che non si capisce ci appare misteriosa, seducente, contraddittoria e persino creativa. Ci permette tutte le specie di interpretazioni che crediamo essere originali.

4151. Al contrario della logica, la creatività non ha bisogno di capire perché crea una nuova realtà che prima non esisteva.

4152. Sperimentare è necessario, ma aver successo non è un diritto personale inalienabile.

4153. Tanto nell'amore che nell'odio vi è sofferenza, ma nell'amore vi è anche l'estasi e nell'odio solo acredine.

4141. Disillusions are hopes that made a mistake.

4142. Believing to sing passionately, some people scream.

4143. Death that follows the devastations of age put an end to a life that has no longer any meaning. But in all other cases, it is tragic drama.

4144. Melancholy feels cradled by a melancholic music.

4145. Only art can give to a squalid story the emotions of poetry. But it takes the sensibility of an artist to do so as shown by the beauty of some films.

4146. Pleasures are made up of specific emotions and sensations and of their remembrance. Pleasures in general perhaps do not exist even for philosophers.

4147. There is no pleasure without emotions, but there are emotions without pleasure.

4148. Both love and hatred can be strong passions, but the passion of love is nearly universal and obligatory, whereas that of hatred is less frequent, sometimes mean, and never lyrical.

4149. The soul would be more at ease if it were not for the fact that once in a while it sees itself in the mirror.

4150. The reality that we do not understand appears to us mysterious, seductive, contradictory and even creative. It allows us all sorts of interpretations that we believe to be original.

4151. Contrary to logic, creativity does not need to understand because it creates a new reality that did not exist before.

4152. To experiment is necessary, but to be successful is not an inalienable personal right.

4153. There can be suffering both in love and in hatred, but in love there is also ecstasy and in hatred only sourness.

4154. Si può odiare proprio perché si ama. In tal caso, l'odio è del tutto instabile e può avere terribili sbandamenti emotivi, rinnegandosi improvvisamente e totalmente.

4155. In genere, c'è più irrequietezza nella conoscenza (che si rende conto di essere sempre incompleta) che nell'ignoranza (che non sospetta nemmeno quanto possa essere completa).

4156. È impossibile non diffidare di qualche aspetto di se stessi. Ce lo ricorda la nostra debolezza e incostanza.

4157. Una continua ed ossessiva consapevolezza del fatto che il *nostro* tempo passa inesorabilmente non solo non lo rallenta, ma lo fa più angoscioso.

4158. Lo scetticismo invecchia il nostro spirito.

4159. L'unica cosa proficua che si possa fare col tempo è di usarlo in maniera proficua.

4160. Vi può essere molta pace anche quando si accetta la sconfitta. Cessano l'ansietà, l'angoscia, le paure, le incertezze e il tumulto della lotta.

4161. L'abilità è la furbizia dell'intelligenza.

4162. La passione monopolizza le emozioni e dà loro una direzione obbligata. E non solo alle emozioni.

4163. Quando si segue una tendenza prevalente, l'originalità consiste nell'imitarla in una maniera personale.

4164. Qualcuno si vergogna di avere sentimenti delicati. Gli sembra di essere intellettualmente semplice. Infatti lo è, ma perché si vergogna.

4165. Quello che sembra ovvio è diverso per persone differenti.

4166. L'isolamento mentale non permette i necessari confronti. Si vive una realtà artificialmente semplificata e distorta.

4154. One can hate exactly because one loves. In that case, hatred is entirely unstable and it can have terrible emotional swings, repudiating itself suddenly and utterly.

4155. In general, there is more restlessness in knowledge (which is aware of being incomplete) than in ignorance (which does not even suspect how complete it might be).

4156. It is impossible not to distrust some aspects of our Self. Our weakness and inconstancy remind us of that.

4157. A continuous and obsessive awareness of the fact that *our* time inexorably passes not only does not slow it, but also it makes it more distressing.

4158. Skepticism makes our spirit old.

4159. The only profitable thing one can do with time is to use it in a profitable manner.

4160. There can be plenty of peace even when we accept defeat. The anxiety, anguish, fears, uncertainties and turmoil of the struggle cease.

4161. Cleverness is the shrewdness of intelligence.

4162. Passion monopolizes the emotions and gives to them an obligatory direction. And not only to emotions.

4163. When one follows a prevailing trend, originality consists in imitating it in a personal manner.

4164. Some people are ashamed of having delicate feelings. It seems to them to be intellectually simple. Indeed they are, but because they are ashamed.

4165. What seems obvious is different for different people.

4166. Mental isolation does not allow the necessary comparisons. One lives a reality that is artificially simplified and distorted.

4167. I filosofi studiano la realtà umana, ma non sempre si rendono conto che quello che chiamano "imperfezione" è una necessaria presenza di virtù e difetti. Nel loro sincero entusiasmo, i filosofi possono proporre delle soluzioni umane a problemi sovrumani, proponendo teorie per correggere la natura delle cose. Tuttavia, si può ragionare *della* Necessità, ma non *con* la Necessità, come dimostrato dal fatto che la natura umana non cambia nel tempo e nello spazio. Allora la filosofia è inutile? Nient'affatto, dal momento che ha due compiti fondamentali. Il *primo* è quello di capire la realtà, che essendo mentale, implica prima di tutto la conoscenza di se stessi. Si indaga, perché la natura ha fatto la mente umana curiosa di capire se stessa nel quadro dell'opera di Dio. Il *secondo* compito è quello di analizzare e pertanto di *modificare non la natura umana, ma il comportamento umano* e pertanto gli eventi determinati da quello. D'altra parte, il comportamento umano è condizionato anche dal prevalere di alcune delle caratteristiche o condizioni umane. Così, in epoche differenti può prevalere l'egoismo, la religiosità, lo strapotere di alcuni, il romanticismo, il razionalismo, privilegi di casta, mode, tendenze, la ricchezza di pochi e la miseria di molti, democrazia, dittature, ecc. Qualsiasi condizione prevalga, vi sono lati positivi e negativi. I differenti filosofi si concentrano sui diversi aspetti del comportamento umano, proponendo teorie che vogliono modificarlo secondo i criteri ispirati dalla loro comprensione di quello che sarebbe bene per la razza umana. Pertanto, alla filosofia è permesso studiare la natura, ma non cambiarla. Ma la filosofia è uno dei fattori che può modificare potentemente il comportamento umano e anche modificare il livello al quale si pensa e pertanto si agisce.

4168. Essendo individuale, la nostra umanità non può essere perfetta, poiché la perfezione distruggerebbe la varietà e la renderebbe incolore e persino senza significato. In questo senso, la nostra umanità può esser "perfetta" solo perché non lo è.

4169. Una mente abile non è mai a corto di scuse o di argomenti. Ma questo diminuisce il rispetto altrui, perché non arrossisce e non è imbarazzata. Si sente che non è né diretta né onesta. Non è essere abili che è sbagliato, ma piuttosto usare l'abilità come se fosse solo un'astuzia dozzinale.

4167. Philosophers study human reality, but they do not always realize that what they call "imperfection" is a necessary presence of virtues and faults. In their sincere enthusiasm, philosophers may propose human solutions to superhuman problems by proposing theories meant to change the nature of things. However, one can reason *about* Necessity, not *with* Necessity as demonstrated by the fact that human nature does not change with time and in space. Is philosophy then useless? Not at all, since it has two fundamental tasks. The *first* is that of understanding reality, which being mental, implies first of all the knowledge of ourselves. We investigate because nature made the human mind curious to understand itself within the framework of the works of God. The *second* task is that of analyzing and therefore *modifying not human nature, but human behavior*, and therefore the events determined by it. Human behavior is conditioned also by the prevailing of some of the human characteristics and conditions. Thus, in different epochs egoism, religiosity, abuse of power by some, romanticism, rationalism, caste privileges, fashion, trends, wealth of a few and poverty of many, democracy, dictatorship, etc. may prevail. Whatever condition prevails, there are positive and negative aspects to it. Different philosophers concentrate on different aspects of human behavior, proposing theories that are meant to modify it according to criteria inspired by their comprehension of what would be good for humankind. Therefore, to philosophy it is permitted to study nature, but not to change it. However, philosophy is one of the factors that may powerfully modify human behavior and also modify the level at which we think and therefore we act.

4168. Being individual, our humanity can not be perfect, since perfection would destroy its variety and make it colorless and even meaningless. In this sense, our humanity can be "perfect" only because it is not so.

4169. A clever mind is never short of excuses and arguments. But that diminishes the respect of others, since it does blush and it is not embarrassed. One perceives that it is neither straightforward nor honest. It is not being clever that is wrong, but rather using cleverness as if it were a cheap shrewdness.

4170. Se la razza umana ipotecasse tutti i suoi difetti, farebbe bancarotta sotto il peso delle virtù.

4171. Per qualcuno, i dettagli possono essere noiosi, ma in realtà sono necessari per evitare le approssimazioni dell'incompetenza.

4172. La dignità non può risultare se non dal rispetto di sé. A sua volta, il rispetto di sé è il risultato di come ci si comporta rispetto alle nostre convinzioni.

4173. Chi è confuso oltre ogni possibilità di redenzione riesce a rendere confuso anche quello che è stato chiarito. In un certo senso, in questo vi è una coerenza *sui generis*.

4174. È comprensibile che si ignori la verità. Un po' meno che la si voglia ignorare.

4175. L'essere differenti di per sé ci rende speciali.

4176. Pochi sono tirchi con i soldi degli altri, inclusi gli avari.

4177. Bisogna dubitare di quello di cui l'analisi non ha ancora certificato la validità.

4178. La volgarità viene presto a noia a causa della sua rozzezza.

4179. Crediamo di essere quello che si percepisce di noi stessi.

4180. Quando uno è felice non si sente solo, anche perché in genere si condivide la felicità con chi si ama.

4181. Se si ama qualcosa, inevitabilmente si odia il contrario, per esempio, l'ozio o il lavoro.

4182. Il peccato è un'espressione di disordine. Si usano impulsi fisiologici per fini che non lo sono. Per esempio, la nostra invidia può odiare chi non ha nessuna colpa verso di noi.

4183. La nostra decadenza comincia quando per noi le virtù e i peccati hanno lo stesso significato o non ne hanno più nessuno.

4170. If the human race were to mortgage all of its faults, it would become bankrupt under the weight of its virtues.

4171. For some people, details may be boring, but they are necessary to avoid the approximations of incompetence.

4172. Our dignity can not but result from self-respect. In turn, self-respect is the result of the way we behave in regard to our convictions.

4173. Those who are confused beyond redemption succeed in rendering confused even what has been clarified. In a way, in this there is coherence *sui generis*.

4174. It is understandable that we should ignore the truth. A little less that we should want to ignore it.

4175. Being different in itself makes us special.

4176. Few are stingy with others' money, including misers.

4177. We must doubt that of which the analysis has not yet certified the validity.

4178. Vulgarity quickly becomes boring because of its coarseness.

4179. We believe to be what we perceive of ourselves.

4180. When one is happy, one does not feel lonely, also because in general one shares happiness with the beloved.

4181. If one loves something, inevitably one hates the contrary, for example, idleness or work.

4182. Sin is the expression of disorder. One uses physiological drives for aims that are not physiological. For example, our envy can hate someone who did not do anything wrong to us.

4183. Our decadence begins when for us virtues and sins have the same meaning or they no longer have any.

4184. I peccati esistono solo in quanto fallimenti delle virtù. È per questo che le bestie non commettono peccati.

4185. La nostra condotta è potentemente influenzata dai valori che abbiamo e quelli che di proposito coltiviamo. Si rinforzano quelle convinzioni che riteniamo importanti. Per qualcuno, questo significa pregare. Per altri, rafforzare la loro volontà con l'esercizio. Per altri ancora, l'egoismo e la durezza.

4186. Spesso vi è disaccordo tra politici. Qualcuno dovrà pur mentire, a meno che la verità e il suo opposto siano entrambi veri. Naturalmente, qualcuno potrebbe non essere bugiardo, ma semplicemente sbagliarsi. Tuttavia, qualche politico può preferire di essere considerato bugiardo piuttosto che stupido.

4187. Le persone con gli stessi interessi si applaudono reciprocamente e (quello che è peggio) sinceramente. Si apprezzano solo i valori che abitano nei confini un po' ristretti del nostro circolo. Quelli che sono oltre tali confini, ci sono estranei (e talvolta incomprensibili).

4188. Le bellezza della gioventù è fatta per essere amata dalla gioventù.

4189. La nostra presunzione disprezza l'altrui vanità.

4190. I debiti sono scomodi, eccetto quelli che uno riesce a non ripagare.

4191. Per essere onesta, l'umiltà deve rimanere sincera e segreta.

4192. Alcuni considerano la gratitudine come un debito che in una maniera o l'altra ci si deve ingegnare di non pagare. Oppure, da ripagare col risentimento, come se fosse un'offesa.

4193. Una vita vissuta secondo i dettami della filosofia sarebbe senza vita.

4194. Solo una passione intensa e sincera può redimere gli insuccessi della moralità o i successi dell'immoralità.

4184. Sins exist only in so far as they are failures of virtues. It is for this reason that beasts do not commit sins.

4185. Our behavior is powerfully influenced by the values that we have and by those that we purposely cultivate. We make stronger those convictions that we believe to be important. For some, this means to pray. For others, to strengthen their will through exercise. For others yet, selfishness and hardness.

4186. Often there is disagreement among politicians. Someone should be lying, unless truth and its opposite are both true. Of course, some people might be not liars, but simply wrong. Yet, some politicians may prefer being considered liars rather than fools.

4187. People with the same interests applaud themselves reciprocally and (what is worse) sincerely. Only the values are appreciated that dwell within the somewhat narrow boundaries of our circle. Those who are beyond such boundaries are extraneous (and sometimes incomprehensible) to us.

4188. The beauty of youth is made to be loved by youth.

4189. Our conceit despises the vanity of others.

4190. Debts are inconvenient, except those that one succeeds in not repaying.

4191. To be honest, humility must remain sincere and secret.

4192. Some consider gratitude as a debt that in one way or the other we have to manage not to pay. Or to repay with resentment, as it were an offense.

4193. A life lived according to the dictates of philosophy would be life-less.

4194. Only an intense and sincere passion can redeem the failures of morality or the successes of immorality.

4195. Ogni generazione ha le sue convinzioni, credenze e aspirazioni, e anche i suoi peccati, fallimenti e disperazioni. Mode nuove danno loro una patina di novità e una differente nomenclatura.

4196. La nostra limitatezza ci costringe a fare delle scelte su quello che vogliamo, dobbiamo o possiamo fare. Spesso siamo costretti a scegliere tra quello che non si sa o non si capisce. Nel dubbio, si fa quello che le nostre inclinazioni naturali ci spingono a fare.

4197. Quanto più il lavoro diviene impegnativo e pesante, tanto più la mente ha bisogno di una pausa che ci permette di emergere dalle tensioni, decantare l'essenziale, riordinare le idee e sviluppare nuove prospettive.

4198. Il lavoro è un mezzo indispensabile per realizzarsi, specialmente se (invece di essere un lavoro) è una passione.

4199. Una vera signora si vede da come si veste e si sveste.

4200. Si "protegge" il nostro Io anche quando sarebbe più ragionevole strapparne le erbacce.

4201. Quello che è bello per noi può essere semplicemente orribile per altri. Ma qualcosa non può essere oggettivamente bello solo perché soggettivamente ci piace. Sarebbe l'assassinio del buon gusto e le esequie dell'estetica.

4202. Abbiamo il diritto di disobbedire anche a chi ci dirige per il nostro bene, compresi i nostri genitori. Ma in tal caso, una prematura indipendenza deve temere i pericoli che derivano da un'insufficiente esperienza.

4203. Si può fare o non fare quello che ci piace, ma entrambe le scelte devono poi passare lo scrutinio delle conseguenze.

4204. Tutti facciamo sbagli, ma c'è chi li fa con la massima incoscienza come si vede dalle conseguenze disastrose.

4205. Non raramente si cerca di correggere un errore con altri errori, invischiandoci sempre più in una trappola senza uscita.

4195. Every generation has its convictions, beliefs and aspirations, and also its sins, failures and despair. New fashions give them a patina of novelty and a different nomenclature.

4196. Our limitations force us to make choices about what we want to do, what we must do or we can do. Often, we are forced to choose among things we do not know or understand. Because of our doubts, we do what our natural inclinations drive us to do.

4197. The more exacting and heavy our work becomes, the greater the need for the mind to have a pause that permits us to emerge from pressures, decant the essential, rearrange ideas and develop new perspectives.

4198. Work is an indispensable means to realize oneself, especially if (instead of being a labor) it is a passion.

4199. A real lady is recognized by the way she dresses and undresses.

4200. We "protect" our Self even when it would be more reasonable to weed it.

4201. What is beautiful for us may be simply dreadful for others. But something can not be objectively beautiful only because we subjectively like it. That would be murder of good taste and the exequies of aesthetics.

4202. We have the right to disobey even those who direct us for our own good, including our parents. But in such a case, a premature independence must fear the dangers deriving from an insufficient experience.

4203. We may or may not do what pleases us, but both choices have to pass the scrutiny of the consequences.

4204. We all make mistakes, but some make them with the utmost irresponsibility as seen from the disastrous consequences.

4205. Not rarely, we try to correct a mistake with other mistakes, drawing ourselves even more into a snare without escape.

4206. Spesso facciamo quello che ci piace anche se si sa perfettamente che è uno sbaglio. Semplicemente, ci si riserva il diritto di pentirsi dei nostri errori dopo.

4207. Non si può essere felici senza desideri. Dal momento che i desideri più intensi sono spesso irrealizzabili, la felicità non è mai troppo lontana dall'infelicità.

4208. I nostri diritti sono spesso dei doveri verso noi stessi.

4209. Quando con l'età lo sguardo diventa acquoso, la sola cosa che rimane alla mente è di galleggiarvi alla deriva.

4210. La nostra mente vive soprattutto delle sue emozioni.

4211. Taluni sono convinti di essere abili solo perché sono dei mascalzoni.

4212. L'indebolirsi dei potenti è un invito alla ribellione dei deboli oppressi.

4213. I sentimenti che si provano trovano un appagamento emotivo nell'essere espressi poeticamente.

4214. Se la tristezza fosse definitivamente sconfitta dall'euforia, essere costretti a ridere sempre non sarebbe allegro per nulla.

4215. Le disillusioni seguono le illusioni passate e precedono le illusioni future. Né le une né le altre si danno per vinte.

4216. Il dramma svolto sul palcoscenico della vita ha bisogno di un copione che includa tutte le sfaccettature della realtà umana.

4217. Nell'arte, il desiderio di creare è così profondamente e sinceramente sentito da spingere l'intelletto a sostituire la stranezza alla mancanza di creatività.

4218. Nella vita di ciascuno, il vero fallimento è il non far nulla e specialmente non fare quello che piace alle nostre inclinazioni.

4206. Often we do what we like even if we know perfectly well that it is a mistake. Simply, we reserve the right to regret our errors afterwards.

4207. One can not be happy without desires. Since the most intense desires are often unrealizable, happiness is never too distant from unhappiness.

4208. Our rights are often duties toward ourselves.

4209. When with age the gaze becomes watery, the only thing left for the mind is to float adrift on it.

4210. Our mind lives most of all of its emotions.

4211. Some are convinced of being clever just because they are scoundrels.

4212. The weakening of the powerful is an invitation to the rebellion of the oppressed weak.

4213. The sentiments that we feel find an emotional fulfillment in being expressed poetically.

4214. If sadness were to be definitively defeated by euphoria, to be forced to laugh all the time would not be merry at all.

4215. Disillusions follow past illusions and precede future illusions. Neither one nor the other gives it up.

4216. The drama performed on the stage of life needs a script that includes all the facets of human reality.

4217. In art, the desire of creating is so deeply and sincerely felt that it drives the intellect to substitute strangeness to the lack of creativity.

4218. In everyone's life, the real failure is not to do anything and especially not doing what our inclinations like.

4219. Le regole sono assassinate sia dall'abolizione delle eccezioni che dall'uso esclusivo di quest'ultime.

4220. Se si ottiene facilmente e tutte le volte quello che si desidera (come quando uno è ricco), fatalmente la felicità diminuisce gradualmente corrosa dall'indifferenza dell'abitudine.

4221. La bellezza nella logica: un concetto seduce se è profondo nella sostanza, chiaramente concepito e elegantemente espresso.

4222. Non è necessario capire, ma in tal caso uno dovrebbe mostrarsi appropriatamente perplesso e pensieroso.

4223. Le creazioni della fantasia si divertono con grazia alla musica dei loro colori e delle loro forme.

4224. Se lo 0.001% dei libri contemporanei diventassero dei classici, la nostra epoca diventerebbe la più grande delle culture mai esistite.

4225. Le tensioni continue sono necessarie, ma solo per sviluppare differenti forme di nevrosi.

4226. Per quanti difetti possiamo avere, ciascuno di noi è una creatura di Dio.

4227. Il futuro della dissipazione è una disperazione resa desolata da un passato che non autorizza ad avere speranze.

4228. Non sperare meno di quello che puoi ottenere né di quello che non puoi ottenere. La speranza è un tuo diritto, se non hai paura delle disillusioni e ami profondamente le tue aspirazioni.

4229. Quello che è diverso non è sempre nuovo ("Plus ça change..."), per quanto quello che è nuovo è necessariamente diverso.

4230. Il "nuovo" implica un passo avanti (il concetto di creazione), il "diverso" un passo in ogni direzione (anche indietro). Nel primo caso si ha un progresso, nel secondo caso una moda che può essere anche un regresso (nelle arti, nella cultura, ecc.).

4219. Rules are murdered both by the abolition of exceptions and by the exclusive use of the latter.

4220. If one obtains easily and all the time what one desires (as when one is wealthy), inevitably happiness gradually decreases, corroded by the indifference of habit.

4221. Beauty in logic: a concept seduces if it is profound in substance, clearly conceived and elegantly expressed.

4222. It is not necessary to understand, but in such a case, one should look duly perplexed and thoughtful.

4223. The creations of fantasy gracefully frolic at the music of their colors and shapes.

4224. If 0.001% of contemporary books were to become classics, our age would become the greatest culture that ever existed.

4225. Unremitting tensions are necessary, but only to develop different forms of neurosis.

4226. No matter how many faults we might have, each one of us is a creature of God.

4227. The future of dissipation is a despair made bleak by a past that does not entitle one to have hopes.

4228. Do not hope for less than what you can obtain nor for less of what you can not obtain. Hope is a right of yours if you are not afraid of disillusions and you deeply love your aspirations.

4229. What is different is not always new ("Plus ça change..."), although what is new is necessarily different.

4230. The "new" implies a step forwards (the concept of creation), the "different" a step in any direction (even backwards). In the former case, there is progress, in the latter a fashion that can be even a regression (in the arts, in culture, etc.).

4231. La forza della filosofia è la logica, ma se la filosofia inciampa su una proposizione logica ma sbagliata, la caduta può essere rovinosa. Se si entra in un viottolo sbagliato, si può finire in ogni posto eccetto quello dove si sarebbe voluti andare, Anzi, dalle conseguenze si dovrebbe dedurre che le deduzioni non erano valide. Per esempio, se si dice che la realtà è inconoscibile, ne segue che la scienza sarebbe impossibile. La scienza, sembra non curarsi di queste negazioni dal momento che prospera in maniera invidiabile. Lo stesso si dica dell'incapacità della logica di dimostrare l'esistenza di Dio, come se fosse reale solo quello che può essere logicamente dimostrato. Il mondo come lo conosciamo esiste solo nella nostra mente. Tuttavia, le molecole e le leggi fisiche che le regolano non sono create, ma solo percepite dalla mente.

4232. Le aspirazioni, ambizioni, illusioni, speranze, desideri, frustrazioni, timori, fantasie, inclinazioni, ecc. mantengono l'anima necessariamente insoddisfatta, se vi deve essere uno sviluppo.

4233. Le rivoluzioni proletarie hanno successo quando riescono a creare una classe media.

4234. Un diario personale è un colloquio con se stessi. Per la sua natura, non può che essere intimo. Vi si riversano pensieri, emozioni, osservazioni e riflessioni che costituiscono il nostro Io e che altrimenti sarebbero destinate a svanire nel nulla. Un diario permette al nostro passato di parlare al nostro presente.

4235. Tutti i poeti amano la bellezza, ma pochi ne sono contraccambiati. Ma anche quando sono contraccambiati, possono essere fatti cornuti dai tradimenti della bellezza.

4236. Un rimprovero che uno può fare alla logica è di non avere emozioni. Ma non si può rimproverare alle emozioni di non avere una logica.

4237. Se si coltivasse esclusivamente la logica o le emozioni, saremmo meno completi. Ma se uno fosse forzato a scegliere, una vita con sole emozioni sarebbe assai più piacevole e meno arida di una vita con la sola logica.

4231. The strength of philosophy is logic, but if philosophy stumbles on a logical but wrong proposition, the fall may be ruinous. If one enters the wrong path, one may end up anywhere except the place where one desired to go. Nay, from the consequences one should deduce that the deductions were not valid. For example, if one says that reality is unknowable, it follows that science would be impossible. Science seems not to care about these negations since it prospers in an excellent way. The same can be said of the inability of logic to demonstrate the existence of God, as if were real only what can be logically demonstrated. The world as we know it, exists only in our mind. However, the molecules and the physical laws that regulate them are not created, but only perceived by the mind.

4232. Aspirations, ambitions, illusions, hopes, desires, frustrations, fears, fantasies, inclinations, etc. keep the soul necessarily unsatisfied, if there is to be development.

4233. Proletarian revolutions are successful when they succeed in creating a middle class.

4234. A personal diary is a colloquy with oneself. By its nature, it can not be but intimate. One pours in it thoughts, emotions, observations and reflections that make up our Self and that otherwise would be destined to fade into nothingness. A diary permits our past to speak to our present.

4235. All the poets love beauty, but only a few are reciprocated. Even when they are reciprocated, they can be cuckolded by the infidelities of beauty.

4236. A reproach that one can level at logic is that of not having emotions. However, one can not reproach emotions for not having a logic.

4237. If we were to cultivate exclusively logic or emotions, we would be less complete. But if one were to be forced to choose, a life with only emotions would be pleasanter and less arid than a life with only logic.

4238   Senza logica, si perderebbe la filosofia, ma senza emozioni si per-
       derebbe musica, poesia, opere, letteratura, amore, affetti, gioie,
       dolori, sogni, ecc. Senza emozioni si perderebbe quello che poten-
       temente contribuisce a dare un significato alla vita e senza filoso-
       fia si perderebbe l'analisi del significato della vita.

4239. Se *si ama* la filosofia, la filosofia fa provare sottili emozioni.
       Reciprocamente, qualche volta si cerca di analizzare logicamente
       le nostre emozioni e di farcene una ragione.

4240. Non si possono fare deduzioni dai misteri. Tutt'al più, possiamo
       avere delle intuizioni, una specie di comprensione istintiva di certi
       loro aspetti.

4241. Quello che ci ostacola ci fa crescere.

4242   Alla sveglia si rimprovera di ubbidire l'ordine che le abbiamo dato
       la sera prima.

4243. La nostra vanità non è un sostituto adeguato alla necessaria quali-
       tà. Ma la vanità è certamente più facilmente soddisfatta delle dure
       esigenze della qualità.

4244. La vanità ha il gran vantaggio che non è necessario fare niente di
       speciale per sentirsi compiaciuti di se stessi.

4245. È meglio sentirsi peccatori che ipocriti. Nel primo caso, per lo
       meno non vi si aggiunge il peccato dell'ipocrisia.

4246. Chi è sempre rigidamente onesto con se stesso è spesso duro con
       gli altri. Questo dimostra quanto l'onestà possa pesare.

4247. Il corpo non permette alla mente di dimenticarlo, anche se quella
       ha la memoria corta.

4248. La nostra umanità ha le sue unità di misura che possono variare
       molto da individuo a individuo, da un santo ad una bestia.

4249. Quelli che sono troppo abili puntano sull'altrui credulità e ne rice-
       vono una meritata mancanza di rispetto.

4238. Without logic we would lose philosophy, but without emotions we would lose music, poetry, operas, literature, love, affections, joys, pains, dreams, etc. Without emotions we would lose what powerfully contributes to give a meaning to life and without philosophy we would lose the analysis of the meaning of life.

4239. If we *love* philosophy, philosophy makes us feel subtle emotions. Reciprocally, sometimes we try to analyze logically our emotions and to make sense of them.

4240. One can not make deductions from mysteries. At most, one can have intuitions, a kind of instinctive understanding of some aspects of them.

4241. What hinders us makes us grow.

4242. To the alarm clock we reproach obeying the order that we gave to it the evening before.

4243. Our vanity is not an adequate substitute for a necessary quality. But vanity is certainly more easily satisfied than the hard demands of quality.

4244. Vanity has the great advantage that it is not necessary to do anything special in order to be pleased with ourselves.

4245. It is better to feel sinners than hypocrites. In the former case, at least we do not add the sin of hypocrisy.

4246. Those that are dourly honest with themselves are often hard with others. This shows how heavy a burden honesty might be.

4247. The body does not allow the mind to forget it, even if the mind has a weak memory.

4248. Our humanity has its own units of measure that can considerably vary from individual to individual, from a saint to a beast.

4249. Those that are too clever rely on others' credulity and in return they get a deserved lack of respect.

4250. Nel nome del dovere, si fanno dei sacrifici, ma molto più volentieri se in qualche maniera sono anche convenienti.

4251. Nell'ipocrisia, si copre la nostra falsità con un manto di "nobiltà", usando immoralmente la moralità. Un ipocrita genuino considera questo una manifestazione di abilità.

4252. La sensibilità dà delicatezza alle cose.

4253. Si dovrebbe dire non quello che non è stato mai detto prima, ma quello che vale la pena di essere appreso.

4254. Nella comune conversazione di un ricevimento, si cerca soprattutto di intrattenerci. Per questo, quello che si dice deve essere soprattutto "stimolante". Un paradosso brillante è apprezzato molto di più di una verità anche acuta. Il primo fa ridere piacevolmente (specialmente dopo il terzo bicchiere di whisky), la seconda ci obbliga a pensare. Ma non è ad un ricevimento che si fa della filosofia.

4255. Per ragioni non chiare, troviamo piccante scoprire i segreti altrui, quelli veri o immaginati da una curiosità morbosa. Forse è così perché prendiamo tanta cura nel nascondere i nostri segreti.

4256. C'è chi logora un amore sincero con sottigliezze intelligentemente stupide.

4257. Le relazioni pubbliche sono una gara interessata di futilità, se non un imbroglio "legale".

4258. Un politico può dissociare senza troppa difficoltà le proprie azioni dalle proprie convinzioni (per lo meno se ne ha). Non raramente, è una questione di sopravvivenza (politica), anche se per qualcuno è una percezione personale del concetto di astuzia.

4259. È più conveniente eliminare la moralità che le proprie colpe e i propri peccati. Inoltre, per taluno è anche più facile.

4260. La generosità è un mezzo efficace per combattere la meschinità, soprattutto la nostra.

4250. In the name of duty, we make sacrifices, but much more willingly if somehow they are also convenient.

4251. In hypocrisy, we cover our falseness with a cloak of "nobility", immorally using morality. A genuine hypocrite considers this a manifestation of cleverness.

4252. Sensitivity gives delicacy to things.

4253. One should say not what has never been said before, but what is worthy of being learned.

4254. In the common conversation of a party, we seek most of all to entertain each other. For this reason, what we say must be most of all "stimulating". A brilliant paradox is appreciated much more than even a keen truth. The former makes us pleasantly laugh (especially after the third glass of whiskey), the latter forces us to think. But it is not at a party that one should entertain philosophy.

4255. For unclear reasons, we find piquant to discover the secrets of others, real secrets or imagined by a morbid curiosity. Perhaps it is so because we take so much care in hiding our secrets.

4256. There are those who wear out a sincere love with intelligently stupid subtleties.

4257. Public relations are an interested exercise in futility, if not "legal" deception.

4258. A politician can dissociate without too much difficulty his own actions from his own convictions (at least if he has any). Not rarely, it is a question of (political) survival, even if for some it is a personal perception of the concept of shrewdness.

4259. It is more convenient to eliminate morality than our fault and sins. Furthermore, for some people it is easier.

4260. Generosity is an effective means to fight meanness, above all our own.

4261. Bisogna amare se stessi, se dobbiamo perdonarci. Deve essere un amore puro, generoso e disinteressato, come è il vero amore.

4262. Si deve accettare una cosa come inevitabile solo dopo che non si è riusciti a superarla. Infatti, solo allora diventa inevitabile. Prima di allora non si sapeva se lo era.

4263. Non ci può essere progresso sulla base della confusione.

4264. Si teme che la gioia non duri e si spera che la tristezza cessi. Pertanto, nella gioia vi può essere la trepidazione del timore e nella tristezza la consolazione della speranza.

4265. Per aver paura, bisogna averne il tempo.

4266. Le emozioni sarebbero impossibili se si diventasse insensibili ai nostri desideri e timori.

4267. La delicatezza affina la percezione.

4268. I frutti della mente si conservano solo nelle altre menti. Non in tutte, ma in quelle adeguate.

4269. La stanchezza impone pause di riflessione e l'esaurimento pause di pessimismo.

4270. Essere sempre delicati o sempre duri è certo più facile che essere delicati o duri così come lo richiede la situazione. Questo richiede una sensibilità adatta.

4271. Uno degli svantaggi della chiarezza è che soffoca la varietà, una varietà che può portare a nuove forme di chiarezza. Inoltre, anche la chiarezza può sbagliare.

4272. Il provincialismo è una prigione in cui la mente si rifugia volontariamente. "Protegge" la mente da quello con cui non sa competere.

4273. L'oblio ha la stessa funzione dell'aspirapolvere: toglie di giro quello che è sedimentato per incapacità di librarsi nell'etere.

4261. One must love oneself if one is to pardon himself. It must be a pure, generous and disinterested love, as a true love is.

4262. One must accept a thing as inevitable only after one did not succeed in overcoming it. Indeed, only then it becomes inevitable. Before then, one did not know if it was.

4263. There can not be progress on the basis of confusion.

4264. We fear that joy may not last and we hope that sadness should cease. For that reason, in joy there may be the trepidation of worry and in sadness the consolation of hope.

4265. To be afraid, one must have time for it.

4266. Emotions would be impossible if we were to become insensitive to our desires and worries.

4267. Delicateness refines perception.

4268. The fruits of the mind are preserved only in other minds. Not in all of them, but in the suitable ones.

4269. Tiredness imposes pauses of reflection and exhaustion pauses of pessimism.

4270. To be always delicate or always tough is certainly easier than to be delicate or tough as the situation demands. This requests a suitable sensitivity.

4271. One of the disadvantages of clarity is that it stifles variety, a variety that may lead to new forms of clarity. Furthermore, also clarity may err.

4272. Provincialism is a prison in which the mind voluntarily takes refuge. It "protects" the mind from that with which it can not compete.

4273. Oblivion has the same function as the vacuum cleaner: it gets rid of what has settled down due to the incapacity to hover in ether.

4274. Non si è mai meschini quando si ama. Semmai, si ridiventa tali quando non si ama più.

4275. Nella stessa cosa, ciascuno vede qualcosa di differente perché la mente seleziona quello che gli occhi guardano. Come dire che, in realtà, di quello che gli occhi guardano, si vede con la mente quello che ci interessa.

4276. Si offrono ingegnose spiegazioni "alternative" quando non si sa la spiegazione reale.

4277. Nei tribunali, le verità che danneggiano vengono alla superficie solo quando si perde il controllo delle proprie emozioni. Di qui l'apparente (ma in realtà necessaria) durezza e crudeltà dell'interrogatorio da parte degli avvocati.

4278. La chiarezza altrui ci può impedire di formulare conclusioni personali. Lo svantaggio di capire inibisce il nostro ragionare.

4279. Storicamente è illegale voler fare la storia disobbedendo alle sue leggi.

4280. I pensieri confusi hanno per taluni la stessa attrattiva che per altri hanno i romanzi gialli. Ma nei romanzi gialli alla fine vi è una conclusione e l'assassino non è l'autore.

4281. La fisica ha le sue regole fisse e immutabili, e così la chimica, la biologia, la matematica, la genetica, la scienza, la morale, la logica, gli istinti, i sentimenti, ecc. Le trasgressioni di quelle regole provocano disastri.

4282. Nella filosofia, non dovrebbe essere molto difficile esprimere chiaramente quello che si concepisce chiaramente.

4283. Chi cerca di spiegare agli altri quello che non capisce lui stesso spesso non manca di una prosa piacevolmente fiorita, per quanto qualche volta diventi sfiorita.

4284. Al pettegolezzo si perdona che possa non essere vero, ma non che non sia piccante.

4274. One is never petty when one loves. If anything, one becomes petty once again when one does not love any longer.

4275. In the same thing, everybody sees something different because the mind selects what the eyes look at. That is to say that, in reality, of what the eyes look at, we see with the mind only what interests us.

4276. We offer ingenious "alternative" explanations when we do not know the real explanation.

4277. In the courts of law, the truths that inflict damage come to the surface only when the control of one's emotions is lost. Hence, the seeming (but necessary) ruthlessness and cruelty of the questioning by lawyers.

4278. The clarity of others may prevent us from formulating personal conclusions. The disadvantage of understanding inhibits our reasoning.

4279. It is historically illegal wanting to make history while disobeying its laws.

4280. Confused thoughts have for some the same attractiveness that for others have detective novels. But in detective novels in the end there is a conclusion and the assassin is not the author.

4281. Physics has its own fixed and immutable rules and so do chemistry, biology, mathematics, genetics, science, morality, logic, instincts, sentiments, etc. The transgression of these rules causes disasters.

4282. In philosophy, it should not be too difficult to clearly express what is clearly conceived.

4283. Those who try to explain to others that which they themselves do not understand often do not lack a pleasantly flowery prose, although sometimes it becomes withered.

4284. To gossip we pardon that it might not be true, but not that it is not spicy.

4285. L'alba ha la delicatezza che possono avere solo le cose fugacemente belle.

4286. Un filosofo vede le relazioni che vi sono tra pensieri diversi, non escluse quelle corrette o essenziali.

4287. Se i pensieri sono conservati in sezioni separate della mente, la logica può analizzarli separatamente, ma non sintetizzarli.

4288. Se vi sono regole per tutto, perché il comportamento della mente dovrebbe essere esente da regole? Forse l'ignorare queste regole non farebbe differenza?

4289. La Necessità è resa necessaria dalla necessità di far funzionare costantemente un sistema di una complessità e proporzioni inimmaginabili. Le eccezioni non sono ammesse.

4290. Il pettegolezzo farà sempre delle allusioni equivoche. Crede che la sua finezza consista nell'insinuare quello di cui la sua malignità non ha nessuna prova. Se poi il pettegolezzo si rivela falso, ne è solo deluso.

4291. L'avarizia è il mezzo con il quale anche i benestanti riescono a vivere da poveri. Ma taluni sono divenuti "benestanti" vivendo da poveri.

4292. Per avvicinarsi alla religione, uno ha soprattutto bisogno di umiltà di cuore e il desiderio di comunicare con Dio.

4293. Come nelle passioni, il fuoco colpisce per l'ardore e la mobilità delle fiamme e l'improvviso intrecciarsi di vivide luci e mobili ombre. Come nelle passioni, il fuoco ci riscalda sempre e ci brucia talvolta.

4294. Nei loro sogni, le scintille s'immaginano di essere fuochi di artificio.

4295. La razza umana può essere piccola in tante piccole cose, ma compensa questo con la sua arroganza. La confonde con l'arditezza.

4285. Dawn has the delicateness that only fleetingly beautiful things can have.

4286. A philosopher sees the relations that there are among different thoughts, not excluding the correct or essential ones.

4287. If thoughts are kept in separate sections of the mind, logic can separately analyze them, but not synthesize them.

4288. If there are rules for everything, why should the behavior of the mind be exempt from them? Does ignoring these rules make no difference?

4289. Necessity is made necessary by the necessity of making a system of unimaginable complexity and dimensions work in a consistent manner. Exceptions are not allowed.

4290. Gossip will always make equivocal allusions. It believes that its finesse consists in insinuating that of which its malevolence does not have any proof. If gossip proves to be false, it is merely disappointed.

4291. Avarice is the means through which even well-to-do people succeed in living like paupers. But some became "well-to-do" by living like paupers.

4292. To approach religion, one needs above all humility of heart and a desire to communicate with God.

4293. As in passions, fire is striking for the ardor and the mobility of its flames and the sudden interweaving of vivid lights and mobile shadows. As in passion, fire always warms us and sometimes burns us.

4294. In their dreams, sparks imagine to be fireworks.

4295. Humankind can be small in many small things, but it compensates for that with its arrogance. It confuses it with boldness.

4296. La semplicità non disdegna quello che è complesso, solo quello che è inutilmente complicato.

4297. Con tutte le sofferenze che dà l'amore, se gli si rimprovera qualcosa è di non durare per sempre.

4298. Se non fosse per gli impulsi del corpo, lo spirito diverrebbe anemico, tiepido, grigio, diafano e senza vita.

4299. A seconda dei casi, essere severi può essere un dovere, un diritto o uno sbaglio. Di fatto, essere *sempre* severi è già uno sbaglio, perché, se non altro, frusterebbe il senso dell'umorismo.

4300. Qualche volta si rimpiange quello che si apprezza solo dopo averlo perduto. Altre volte, si rimpiange quello che è meglio per noi aver perduto.

4301. Quando non si ama più, non è tanto la persona che si è amata che ci manca quanto il nostro amore per quella persona.

4302. La spiritualità non è caratterizzata dalla mancanza di impulsi animali, ma dal superamento di quest'ultimi. Il che può richiedere alla santità nulla di meno dell'eroismo.

4303. Certo che siamo liberi, ma anche di essere stupidi.

4304. Quello che ci elude non è certo la superficialità.

4305. L'orologio del tempo funziona per ciascuno di noi finché dura la batteria della genetica.

4306. La gentilezza verso gli altri può essere intenzionalmente "calma" solo perché sopprime una violenta irritazione. Si cerca di comportarsi "ragionevolmente" se non "civilmente".

4307. Una poesia dovrebbe essere preceduta dall'emozione dello scrittore e essere seguita da quella del lettore.

4308. Per qualche motivo (probabilmente sbagliato), un corpo massiccio non dà la sensazione che ospiti sentimenti delicati.

4296. Simplicity does not disdain what is complex, only what is unnecessarily complicated.

4297. With all the suffering that love gives, if one reproaches something to love is that it does not last forever.

4298. If it were not for the drives of the body, the spirit would become anemic, lukewarm, grey, diaphanous and lifeless.

4299. Depending on the situation, to be stern may be a duty, a right or a mistake. In fact, being *always* stern is already a mistake, for, if nothing else, it would thwart the sense of humor.

4300. Sometimes, we regret that which we appreciate only after having lost it. At other times, we regret that which is better for us to have lost.

4301. When we do not love any more, it is not so much the person who we had loved that we miss as our love for that person.

4302. Spirituality is not characterized by lack of animal drives, but by the overcoming of the latter. That may require of sanctity nothing less than heroism.

4303. Certainly we are free, but also free to be stupid.

4304. What eludes us is certainly not superficiality.

4305. The clock of time works for each one of us as long as the battery of genetics lasts.

4306. Politeness toward others can be purposefully "restrained" only because it suppresses a violent irritation. One tries to behave "reasonably" if not "civilly".

4307. A poem should be preceded by the emotion of the writer and should be followed by that of the reader.

4308. For some probably wrong reasons, a massive body does not give the impression of housing delicate feelings.

4309. La comprensione delle leggi della natura non le cambia, ma può cambiare il comportamento di chi le capisce.

4310. La spiritualità si addice ad un corpo emaciato e sembra incompatibile con una pancia che sporge.

4311. Un poeta pratico è un'anomalia estetica.

4312. Il comportamento umano è potentemente influenzato da quello a cui la mente è esposta, anche quando non gli conviene.

4313. L'ingenuità vede solo le apparenze e la furbizia anche quello che non c'è dietro alle apparenze.

4314. Specialmente in una giovane donna, un viso angelico non esclude un'anima diabolica.

4315. L'ozio non è fisiologico, come si vede nei barboni e nella ricchezza ereditata.

4316. Ciascuno ha diritto ai suoi fallimenti personali e si risente se gli impediscono di fallire.

4317. Per essere soddisfatti di sé, nessuna giustificazione valida è necessaria.

4318. Un poeta dovrebbe commuovere, non sorprendere il lettore: un poeta non è mica un prestigiatore.

4319. Quello che sarebbe desiderabile in teoria, non è desiderato da tutti in pratica, perché lo proibisce la necessità della Varietà.

4320. Quello che sarebbe indesiderabile in teoria non può essere in pratica indesiderato da tutti per la ragione di cui sopra.

4321. Se abolissero le virtù, un pauroso calo di qualità devasterebbe il comportamento umano.

4322. Ad una certa età, un corpo mantenuto atletico dall'esercizio è solo anacronistico. Non c'è freschezza tra i peli grigi.

4309. The comprehension of the laws of nature does not change them, but it can change the behavior of those who understand them.

4310. Spirituality suits an emaciated body and seems incompatible with a protruding belly.

4311. A practical poet is an aesthetic anomaly.

4312. Human behavior is powerfully influenced by that to which the mind is exposed, even when it is not convenient.

4313. Ingeniousness sees only the appearances and shrewdness even what is not behind the appearances.

4314. Especially in a young woman, an angelic face does not rule out a diabolic soul.

4315. Idleness is not physiological, as seen in tramps and in inherited wealth.

4316. Each one of us has a right to one's personal failures and one resents it if others prevent him from failing.

4317. To be self-satisfied, no valid justification is needed.

4318. A poet should move, not surprise the reader: after all, a poet is not a conjuror.

4319. What would be desirable in theory, is not desired by everyone in practice, because the necessity of Variety forbids it.

4320. What would be undesirable in theory can not be undesired by everyone in practice for the above reason.

4321. If virtues were abolished, a frightful loss of quality would devastate human behavior.

4322. At a certain age, a body kept athletic by exercise is only anachronistic. There is no freshness among gray hairs.

4323. Per quanto straordinaria, l'ingegnosità umana è un'inezia comparata a quella della natura.

4324. Qualche femminista non è molto femminile, come qualche uomo non è molto maschile.

4325. La quiete ha significato solo come una pausa nella lotta. Altrimenti, diventa la vittima della noia.

4326. Non va bene combattere sempre o non combattere mai.

4327. L'essere troppo furbi può rivelarsi una maniera abile di essere stupidi.

4328. La debolezza di carattere è incompatibile con il coraggio e più ancora con l'audacia.

4329. Un uomo può essere un buon padre, ma mai così tanto come una donna può essere un buona madre.

4330. Si possono infrangere le leggi di natura, ma non evitarne le conseguenze. Per es., se si sceglie di mentire, si diventa bugiardi.

4331. È legge di natura che si seguano le sue leggi senza analizzarle.

4332. Una donna non ha bisogno di essere la copia di nessuno.

4333. Presumibilmente, c'è una sola maniera di fare le cose: farle bene.

4334. Se si capisce di più, si hanno meno o più dubbi secondo il caso.

4335. Un ipocrita è un bugiardo professionale.

4336. Fidarsi di tutti non è approvato dall'esperienza.

4337. Si preferisce una lode non meritata ad una critica meritata.

4338. Ci sono anche le voglie svogliate.

4339. Se conversando certe verità stanno emergendo, ci si allarma.

4323. Although extraordinary, human ingenuity is a trifle in comparison to that of nature.

4324. Some feminists are not very feminine, as some men are not very masculine.

4325. Quiet has a meaning only as a pause in the struggle. Otherwise, it becomes the victim of boredom.

4326. It is not good to always fight or to never fight.

4327. Being too shrewd may prove to be a clever way of being stupid.

4328. Weakness of character is incompatible with courage and even more with audacity.

4329. A man can be a good father, but never as much as a woman can be a good mother.

4330. One can disobey the laws of nature, but not avoid the consequences. For example, if one lies, one becomes a liar.

4331. It is a law of nature that we should follow its laws without analyzing them.

4332. A woman does not need to be a copy of anyone.

4333. Presumably, there is only one way to do things: doing them well.

4334. If we understand more, we may have fewer or greater doubts depending on the situation.

4335. A hypocrite is a professional liar.

4336. To trust everyone is not approved by experience.

4337. We prefer a non-deserved praise to a deserved criticism.

4338. There are also unwilling whims.

4339. If, in conversing, some truths emerge, we become alarmed.

4340. Non si ascolta quello che ci dicono, lo si interpreta.

4341. Per essere gradita, la sincerità dovrebbe lodarci.

4342. Una vera passione non conosce pause.

4243. La vita ci propone un Ordine che non abbiamo creato.

4244. La gente comune non ha grandi vizi per la stessa ragione che non ha grandi virtù.

4345. Si può essere sensibili, ma solo alle cose che dispiacciono.

4346. La mancanza di incertezza fa dubitare gli incerti di se stessi.

4347. Le mezze bugie possono essere prese per mezze verità.

4348. La purezza è disinteressata.

4349. La bellezza può sedurci e poi abbandonarci.

4350. Una società civile si sviluppa e prospera dentro le leggi del codice e della natura e non contro quelle.

4351. Ci si può ribellare alle leggi di natura, ma non liberarcene.

4352. Non si capisce bene cosa sarebbe per un uomo l'equivalente del femminismo di una donna.

4353. La vita intima di ciascuno di noi è una lunga lotta intestina.

4354. La rozzezza fisica esclude sentimenti delicati.

4355. Solo la mediocrità è sempre disposta a tenerci compagnia.

4356. Le virtù sono forti quando le tentazioni sono deboli.

4357. Una tempesta di neve: la furia silenziosa della natura.

4340. We do not listen to what others tell us, we interpret it.

4341. To be welcome, sincerity should praise us.

4342. A true passion does not have pauses.

4243. Life proposes us an Order that we did not create.

4344. Common people do not have great vices for the same reason that they do not have great virtues.

4345. One can be sensitive, but only to matters that one dislikes.

4346. Lack of incertitude makes uncertain people doubt themselves.

4347. Half lies may be taken as half truths.

4348. Purity is disinterested.

4349. Beauty may seduce and then desert us.

4350. A civilized society develops and prospers within the laws of the code and of nature and not against them.

4351. We can rebel against nature's laws, but not get rid of them.

4352. One can not easily understand what would be for a man the equivalent of feminism for a woman.

4353. The intimate life of each of us is a long intestine struggle.

4354. Physical coarseness excludes delicate feelings.

4355. Only mediocrity is always ready to keep us company.

4356. Virtues are strong when temptations are weak.

4357. A blizzard: the silent fury of nature.

4358. Il coraggio è il fratello gemello dell'audacia.

4359. Il nostro Io è una mescolanza complessa di quello che si è, si vuole essere, ci si immagina di essere, si vuole ignorare, si sente, si sogna, ci illude, si capisce, ecc.

4360. Se si diventasse quello che si vuole, dopo si vorrebbe diventare qualche cos'altro.

4361. Quello che gli altri ci dicono e quello che noi s'intende non sono necessariamente la stessa cosa.

4362. A volte, le virtù sembrano solo essere inopportunamente invadenti.

4363. Ci deludono solo i difetti che non ci piacciono.

4364. In una vita oziosa, manca il punto di riferimento.

4365. Se non ci piace quello che si deve fare, ci si risente che la nostra volontà ci forzi a farlo.

4366. Quando si legge tra le righe, si può attribuire agli altri non quello che pensano loro, ma quello che penseremmo noi.

4367. Una non piccola parte delle nostre sofferenze è creata da conflitti con noi stessi, anche da quelli ingiustificati.

4368. Le nostre debolezze sono parte integrante della nostra umanità. Pertanto, come categoria, sono debolezze inevitabili e necessarie.

4369 Gli spettacoli più avvincenti si vedono contemplando il teatro della vita.

4370. L'oziosità si cura col lavoro.

4371. La tenacia è una volontà con i paraocchi.

4372. Si può essere tenaci nel bene o nel male. Non raramente, si è tenaci in tutti e due.

4358. Courage is the twin brother of audacity.

4359. Our Self is a complex mixture of what we are, we want to be, we imagine being, we want to ignore of ourselves, we feel, we dream, we delude ourselves with, what we understand, etc.

4360. If we were to become what we want, afterwards we would want to become something else.

4361. What others say to us and what we understand are not necessarily the same thing.

4362. At times, virtues seem only to be inconveniently intrusive.

4363. Only the faults that we dislike disappoint us.

4364. In an idle life, the point of reference is missing.

4365. If we do not like what we have to do, we resent that our will forces us to do it.

4366. When we read in between the lines, we may attribute to others not what they think, but what we would think.

4367. A not small part of our sufferings is created by the conflicts with ourselves, also by those that are unjustified.

4368. Our weaknesses are an integral part of our humanity. Therefore, as a category, they are inevitable and necessary weaknesses.

4369. The most engaging spectacles are seen by contemplating the theater of life.

4370. Idleness is cured by work.

4371. Tenacity is a will with blinders.

4372. One can be tenacious in good or evil. Not rarely, we are tenacious in both.

4373. La nostra debolezza ci delude, ma non sempre.

4374. Se non si è sottili, le sottigliezze altrui sono sprecate per noi.

4375. Possiamo tradire le aspettative della parte migliore di noi.

4376. Siamo "normali" in quello che è statisticamente più comune.

4377. Non sappiamo esprimere nella stessa maniera quello che abbiamo scritto non 20 anni prima, ma 20 minuti prima.

4378. La maniera più sicura per non essere se stessi è quella di imitare gli altri, anche quando li riteniamo migliori di noi.

4379. Se ci si chiede troppo, alla fine ci si delude. Eppure, si può realizzare di più di quanto si sarebbe fatto col chiedersi di meno.

4380. Una mente semplice ride più facilmente e con più gusto, anche perché il suo mondo conosce meno tensioni.

4381. Il timore tende a tenerci allerta, ma in maniera ansiosa.

4382. Se dici la verità nuda, non hai garbo. Se la dici "mimetizzata", non sei schietto.

4383. Se non si fa nulla, la vita passa lo stesso, ma invano.

4384. Un timore istintivo rende le nostre speranze trepidanti.

4385. Le illusioni hanno la fantasia che manca alle certezze.

4386. Ci si illude solo per quello che si desidera. Quello che non si desidera, spesso lo si teme.

4387. La giovinezza si caratterizza per una naturale tendenza all'euforia: per ridere allegramente basta la minima scusa.

4388. Ad una tarda età, si vedono i pregi, ma anche le limitazioni della giovinezza.

4373. Our weakness deludes ourselves, but not always.

4374. If we are not subtle, the subtleties of others are wasted on us.

4375. We can betray the expectations of the best part of ourselves.

4376. We are "normal" in what is statistically most common.

4377. We are not able to express in the same way what we have written not 20 years before, but 20 minutes before.

4378. The surest way of not being oneself is to imitate others, even when .we believe that they are better than us.

4379. If we ask ourselves too much, eventually we disappoint ourselves. Yet, we may accomplish more than we would have done by asking less of ourselves.

4380. A simple mind laughs with greater ease and with more gusto, also because its world knows fewer tensions.

4381. Fear tends to keep us alert, but in an anxious way.

4382. If you say the naked truth, you are ungracious. If you say it "camouflaged", you are not straightforward.

4383. If we do nothing, life passes all the same, but in vain.

4384. An instinctive fear makes our hopes anxious.

4385. Illusions have the fantasy that certainties lack.

4386. We have illusions only about what we desire. What we do not desire, often we fear.

4387. Youth is characterized by a natural tendency to euphoria: the smallest excuse suffices to laugh light-heartedly.

4388. At an advanced age, one sees the good qualities but also the limitations of youth.

4389. Credere in se stessi e sbagliarsi è assai meglio che non credere in se stessi e avere ragione.

4390. Ogni epoca della vita vale la pena di essere pienamente vissuta.

4391. Nell'attività quotidiana, molte delle migliori scelte sono funzione del nostro buon gusto o del nostro buon senso.

4392. La concisione non deve diventare una poco naturale asciuttezza.

4393. Si rimpiange quello che aveva un significato emotivo per noi.

4394. Si possono fare delle deduzioni anche dalla nostra ignoranza.

4395. Come i differenti ingredienti fanno le pietanze differenti, così la differente composizione delle diverse menti si riflette nelle opinioni individuali.

4396. Le verità possono stancare o irritare solo per essere "troppe".

4397. Le sottigliezze richiedono un ricco bagaglio di parole inusitate, poiché (le parole essendo poco comuni) contribuiscono al nostro concetto di "sottigliezza".

4398. Su un bocciolo di rosa, le gocce di rugiada scintillano come lo sfavillio di diamanti sul seno bianco di una bella donna.

4399. La realtà dei sogni è eterea e fantasiosa.

4400. Tra i sogni, gli incubi sono dei furfanti sconsiderati.

4401. La sottigliezza fatua si irrita dell'altrui ironia.

4402. Una parte dell'umanità mangia troppo poco e una parte troppo. Nel primo caso manca cibo sufficiente e nel secondo manca una salutare moderazione.

4403. Non la fame, ma lo smodato piacere di mangiare ci fa diventare obesi. La fame rabbiosa si prova solo quando poi si deve dimagrire.

4389. To believe in oneself and be mistaken is better than not to believe in oneself and be right.

4390. Every age of our life is worth being fully lived.

4391. In our daily activity, many of our best choices are a function of either our good taste or our good sense.

4392. Concision must not become an unnatural dryness.

4393. We regret what had an emotional meaning for us.

4394. We can make deductions even from our ignorance.

4395. As different ingredients make dishes different, likewise the different composition of different minds is reflected in individual opinions.

4396. Truths may tire or even irritate only by being "too many".

4397. Subtleties require a rich fund of unusual words, since (the words being uncommon) they contribute to our concept of "subtlety'.

4398. On a rose bud, the drops of dew shine as the sparkling of diamonds on the white bosom of a beautiful lady.

4399. The reality of dreams is ethereal and fanciful.

4400. Among dreams, nightmares are unconsidered rascals.

4401. Fatuous cleverness is incensed by the irony of others.

4402. A part of humanity eats too little and another part eats too much. In the former case, enough food is not available and in the latter a wholesome moderation is lacking.

4403. Not hunger, but the immoderate pleasure of eating makes us obese. A rabid hunger is felt only later when we have to lose weight.

4404. Si assorbe il continuo arrivo d'impulsi dal mondo fisico che portano a varie conclusioni, qualcuna inconsapevole e altre consapevoli. Di qui, convinzioni "istintive" e convinzioni ragionate influenzano l'azione di ciascuno. Se poi le convinzioni istintive vengono formulate correttamente dall'analisi di qualche altra persona, le riconosciamo come vere e diventano anche per noi conclusioni consapevoli.

4405. Un (qualche volta malinteso) rispetto di se stessi rende per alcuni più difficile ricevere che dare. Ovverosia, siamo le vittime della "magnanimità" della superbia.

4406. La mente ha l'obbligo d'essere critica verso se stessa. Non sarebbe molto sensato continuare a credere a concetti sbagliati nonostante i dubbi creati dalla loro infondatezza. O avere la "coerenza" di volervi credere quando non ci si crede più.

4407. La frivolezza è piacevole proprio perché è frivola.

4408. Dal momento che non tutte le nostre convinzioni possono essere giuste, cambiare opinione può essere la prova della flessibilità della mente e cambiare solo quelle sbagliate la prova della sua comprensione.

4409. L'Io è una continua interazione tra corpo e spirito.

4410. La mancanza di riflessione ci può fare orgogliosi di quello che poi si rivelerà essere uno sbaglio sostanziale.

4411. Gli sbagli più pericolosi sono quelli che non ci sembrano sbagli.

4412. È veramente ignoto quello che non è presente nella nostra mente neanche come ignoto.

4413. La vita è un viaggio che, per aver significato, necessita la compagnia della felicità e della sofferenza.

4414. Non raramente, un paradosso fa una caricatura della realtà cogliendone con spirito le contraddizioni.

4404. We absorb the continuous input from the physical world that leads to various conclusions, some unconscious and others conscious. Hence, "instinctive" convictions and reasoned convictions influence the actions of everyone. If then the instinctive convictions are correctly formulated by someone else's analysis, we recognize them as true and they become conscious conclusions also for us.

4405. A (sometimes mistaken) sense of self-respect makes it for some more difficult to receive than to give. That is, we are the victims of the "magnanimity" of haughtiness.

4406. The mind has the obligation of being critical toward itself. It would not be very sensible to continue believing in wrong concepts in spite of the doubts raised by their insubstantiality. Or to have the "coherence" to wanting to believe in them when we do not believe in them any longer.

4407. Frivolity is pleasant just because it is frivolous.

4408. Since not all of our convictions can be right, to change opinion may be the proof of the flexibility of the mind and to change only those that are wrong the proof of its understanding.

4409. The Self is a continuous interaction between body and spirit.

4410. Lack of forethought may make us proud of what later on will prove to be a substantial mistake.

4411. The most dangerous mistakes are those that do not seem to us mistakes.

4412. It is verily unknown that which it is not present in our mind, not even as an unknown.

4413. Life is a journey that, to have meaning, necessitates the company of happiness and of suffering.

4414. Non rarely, a paradox makes a caricature of reality by catching with wit its contradictions.

4415. Se un paradosso deve scegliere tra fare dello spirito o dire la verità, non può commettere suicidio scegliendo la verità. Dopo tutto, la funzione del paradosso è quella di intrattenere.

4416. Una caricatura è un "ritratto" *sui generis* che riflette certi aspetti peculiari del ritrattista e di chi è ritratto. Diverte, ma non fa molto più di quello.

4417. Si tacciono quelle verità che vogliamo ignorare, qualche volta convenientemente e altre volte generosamente.

4418. Gli "dèi" umani (vedi molti dittatori) eccitano devozione, odio, adulazione, ammirazione, paura, il proprio interesse e disprezzo. In ogni caso, pochi credono nella divinità di tali "dèi".

4419. Tra le nostre "verità" personali, si contrabbanda anche qualche falsità, qualche volta mimetizzata, ma non sempre.

4420. Per vedersi in maniera "soddisfacente", la nostra umanità si guarda nello specchio attraverso gli occhiali bifocali della vanità e della compiacenza.

4421. "*In vino veritas*". Più che la verità in generale, nel vino ci sono le verità che fanno ridere se tutti bevono con brio. Ma un *po'* di vino gioverebbe anche a certi cupi filosofi.

4422. L'ubriachezza cronica affonda in un mare di abbrutimento e irrilevanza. Non cerca più la "felicità", ma solo l'oblio di una incoscienza intermittente.

4423. Una verità crudele può essere spietata e distruttiva. Per questo, la verità dovrebbe avventurarsi nella selva dell'anima umana solo affidandosi alla guida della carità.

4424. L'obiettività implica l'obbligo di vedere i differenti lati di una cosa per valutarla correttamente. Dal punto di vista teorico, non è così difficile. Dal punto di vista pratico, se non si è obiettivi, "Cherchez l'intérêt".

4425. Per essere attratti dalla logica, bisogna averne la passione.

4415. If a paradox must chose between being witty or stating the truth, it can not commit suicide by choosing the truth. After all, the function of a paradox is to entertain.

4416. A caricature is a "portrait" *sui generis* that reflects some aspects peculiar to the portrayer and to the portrayed. It amuses, but it does not do much more than that.

4417. We do not say those truths that we want to ignore, some times conveniently and at other times generously.

4418. The human "gods" (see many dictators) excite devotion, hatred, adulation, admiration, fear, self-interest and contempt. In any case, only few believe in the divinity of such "gods".

4419. Among our personal "truths", we also smuggle some untruths sometimes camouflaged, but not always.

4420. To see itself in a "satisfying" manner, our humanity looks at itself in the mirror through the bifocal eyeglasses of our vanity and of our complacency.

4421. *"In vino veritas"*. Rather than the truth in general, in wine there are the truths that make people laugh when merrily drinking. But a *little* wine would be good also for some somber philosophers.

4422. Chronic drunkenness sinks in a sea of brutishness and irrelevance. It does not seek "happiness" any longer, but only the oblivion of an intermittent unconsciousness.

4423. A cruel truth may be merciless and destructive. For this reason, the truth should venture in the thicket of the human soul only under the guide of charity.

4424. Objectivity implies the obligation of seeing the different aspects of a matter to correctly evaluate it. From a theoretical point of view, it is not that difficult. From a practical point of view, if one is not objective, "Cherchez l'intérêt".

4425. To be attracted by logic, one has to have a passion for it.

4426. Ci si umilia qualche volta volontariamente e altre volte nonostante noi stessi.

4427. Nella realtà umana, le così tante variabili pongono la padronanza e soprattutto la sintesi dei loro significati oltre i poteri del nostro intelletto. Di qui, la difficoltà a capire la strategia generale.

4428. Essere moderni è il tempo presente del verbo "invecchiare".

4429. Perseguendo quello che ci piace, si contribuisce alla creazione della varietà. Il fatto che le contribuzioni siano diverse qualitativamente e quantitativamente aumenta la loro varietà.

4430. Le creazioni di Dio non sono capolavori: sono *miracoli*.

4431. Le nostre reazioni involontarie sono sprazzi di luce che rivelano un poco del nostro Io sconosciuto. La prima volta ci sorprendono, le volte successive si confermano. Nel processo, si impara qualcosa di più circa noi stessi.

4432. Se tutto fosse chiaro a tutti, di che si parlerebbe? Si potrebbe solo dire "Sono d'accordo anch'io".

4433. Quando non si è d'accordo in un certo senso si afferma la propria individualità, e, quando si ha ragione, la si aumenta.

4434. Ci si crede di vivere per il fatto di essere immersi nella "realtà". Il problema è: Quale realtà? Che cosa è la realtà? Cosa la determina? Quali sono i suoi scopi? .... La filosofia, buttata fuori dalla finestra, rientra dalla porta.

4435. Si vive senza sapere o domandarci quale vita si vive e ancora meno quale vita si potrebbe o dovrebbe vivere.

4436. Bisogna non solo rispettare la varietà individuale, ma anche favorirla, perché è un ingrediente indispensabile dell'originalità e pertanto anche della creatività.

4437. Chi legge per conoscere e chi per capire.

4426. We humiliate ourselves, sometimes voluntarily and at other times in spite of ourselves.

4427. In human reality, the many variables put the mastery and even more the synthesis of their meanings beyond the power of our intellect. Hence, the difficulty in understanding the general strategy.

4428. To be modern is the present tense of the verb "to age".

4429. In pursuing what we like, we contribute to the creation of variety. The fact that the contributions are different qualitatively and quantitatively enhances variety.

4430. The creations of God are not masterpieces: they are *miracles*.

4431. Our involuntary reactions are flashes of light that reveal a little of our unknown Self. The first time they surprise us, the successive times they confirm themselves. In the process, we learn something more about ourselves.

4432. If everything were clear to everybody, what would we talk about? We could only say: "I too agree".

4433. When we disagree, in a certain sense we affirm our own individuality and, when we are right, we increase it.

4434. We believe to be living because we are immersed into "reality". The problem is: Which reality? What is reality? What determines it? What are its aims? ... Philosophy, ejected from the window, comes back through the main door.

4435. We live without knowing or asking what life we live and even less what life we could or we should live.

4436. We need not only to respect individual variety, but also to foster it, because it is an essential ingredient of originality and therefore also of creativity.

4437. Some read to know and some to understand.

4438. Anche se mille piccole luci sono dirette a caso in differenti direzioni, tutte insieme illuminano la scena. Similmente per i pensieri della mente.

4439. L'ozio esaurisce. Scioglie i fili dell'Io.

4440. Una verità può non colpirci solo perché non l'abbiamo capita.

4441. Letteralmente, la bellezza apre nuovi orizzonti, estetici ed emotivi.

4442. La monotonia stanca la mente più del pensare intensamente.

4443. Il continuo tumulto di sentimenti diversi impedisce il loro ristagno e la conseguente abitudine.

4444. Nell'invecchiare, l'involuzione più nociva è quella della mente.

4445. La musica di una poesia è silenziosa: è fatta del fluire di intime emozioni.

4446. In una poesia, i sentimenti di chi scrive parlano a quelli di chi legge con spontanea bellezza e intensità. Per questo, le poesie "professionali" non sono molto commoventi.

4447. Nelle opere, gli intensi riverberi reciproci e la simbiosi emotiva tra canto e musica danno vita alle passioni che sono rappresentate alla commozione del pubblico.

4448. Le avventure dello spirito ci permettono di innalzarci sopra il paesaggio della routine.

4449. Si possono mitigare le sconfitte perdendo con stile, ma non con fatuità. Quest'ultima preclude la possibilità di una rivincita.

4450. Il divorzio non è fisiologico dal punto di vista dei figli perché, fisiologicamente, un bambino è fatto del 50% della madre e del 50% del padre (anche se funzionalmente il 50% della madre conta assai di più). Di qui, la lacerazione quasi fisica per i figli che non capiscono quello che divide i genitori.

4438. Even if a thousand small lights are randomly directed in different directions, all together they light up the stage. Similarly for the thoughts of the mind.

4439. Idleness is exhausting. It unties the threads of the Self.

4440. A truth may not strike us only because we do not understand it.

4441. Literally, beauty opens new horizons, aesthetic and emotional.

4442. Monotony tires the mind more than thinking intensively.

4443. The continuous tumult of different feelings prevents their stagnation and the consequent habit.

4444. In aging, the most damaging involution is that of the mind.

4445. The music of a poem is silent: it is made of the flowing of intimate emotions.

4446. In a poem, the feelings of the writer speak to those of the reader with spontaneous beauty and intensity. For this reason, the "professional" poems are not very moving.

4447. In operas, the intense reciprocal reverberations and the emotional symbiosis between singing and music give life to the passions that are being portrayed to the stirring of the public.

4448. The adventures of the spirit permit us to rise above the landscape of routine.

4449. One can mitigate failures by losing with style, but not with fatuity. The latter precludes a chance of trying again.

4450. Divorce is not physiological for the children because, physiologically, a child is made of 50% of the mother and 50% of the father (even if functionally the 50% of the mother is much more important). Hence, the almost physical laceration for the children who do not understand what divides the parents.

4451. Tutte le guerre sono crudeli, ma quelle dei barbari sono aggressioni brutali e spietate che hanno una ferocia simile a quella delle bestie.

4452. La maniera in cui si scrivono le autobiografie è quella della cronaca e non certo quella della storia.

4453. La codardia protegge gli interessi del corpo a spese di quelli dello spirito.

4454. Si confidano i segreti che la nostra indiscrezione non sa tacere. L'indiscrezione di chi ascolta ha lo stesso problema nei riguardi del *nostro* segreto.

4455. Le nostre convinzioni respingono non le cose che sono intrinsecamente cattive, ma quelle che non ci piacciono.

4456. Siamo schiavi delle convinzioni, ma quelle non sono schiave di noi. Col tempo, almeno qualcuna, inevitabilmente cambia.

4457. L'uguaglianza non è una realtà, ma solo un programma. Un programma che dà gli stessi diritti a tutti, indipendentemente dal merito individuale. La sua giustificazione morale è dovuta al fatto che tanto i migliori che i peggiori sono in gran parte il risultato delle leggi genetiche del caso. Non si vede perché uno dovrebbe avere privilegi esclusivi solo perché è stato fortunato, il caso essendogli stato generoso al momento della concezione. Se poi uno "si fa da sé", lo fa solo perché così è stato fatto.

4458. Si proclama di volere la "fraternità, l'uguaglianza e la libertà" perché questi non sono doni naturali e in un certo senso bisogna imporli, per esempio, con una rivoluzione. Ma la rivoluzione crea solo *altre* fratellanze, uguaglianze e libertà (che, per esempio, possono non includere i nobili). Ma nessuno proclamerebbe di volere "l'inimicizia, la disuguaglianza e la schiavitù" perché queste sono già sufficientemente disponibili.

4459. Per commuovere un lettore, una poesia deve aver prima commosso chi l'ha scritta. E non basta se la poesia non è bella o il lettore non ha sensibilità.

4451. All wars are cruel, but those of the barbarians are brutal and pitiless aggressions that have a ferocity similar to that of the beasts.

4452. The way autobiographies are written is that of the chronicle and certainly not that of history.

4453. Cowardice protects the interests of the body at the expense of those of the spirit.

4454. We confide those secrets that our indiscretion can not keep silent about. The indiscretion of the listener has the same problem regarding *our* secret.

4455. Our convictions reject not the things that are intrinsically bad, but those that we do not like.

4456. We are the slaves of our convictions, but they are not slaves of us. With time, at least some convictions inevitably change.

4457. Equality is not a fact, but only a program. A program that gives the same rights to all, independently of individual merit. Its moral justification is due to the fact that both best and worst people are largely the result of the genetic laws of chance. It is not apparent why one should have exclusive privileges only because one has been lucky, chance having been generous at the moment of conception. If one is "self-made", one is so only because he has been made that way.

4458. We proclaim that we want "fraternity, equality and liberty" because these are not natural gifts and in a sense they must be imposed, e.g., with a revolution. But a revolution creates only *other* fraternities, equalities and liberties (that, for example, may not include the nobles). But nobody would proclaim wanting "enmity, inequality and slavery" because these are already sufficiently available.

4459. To move a reader, a poem must have first moved the one who wrote it. And it is not enough if the poem is not beautiful or the reader has no sensibility.

4460. La libertà comporta la responsabilità. Cioè, comporta la colpevolezza per quelle delle nostre azioni che non si conformano alle leggi giuridiche e morali correnti. *Si assume* che esista una libertà individuale (e pertanto una responsabilità individuale) per farne un deterrente al delitto. Se poi il delitto deriva da tempeste emotive incontrollabili, si ricorre alle attenuanti per mitigare la pena (per esempio, omicidio passionale o, in altri casi, preterintenzionale). Ma tanti delitti possono essere prevenuti dal timore della punizione (e tante tempeste emotive possono essere controllate per la stessa ragione).

4461. La sensibilità estetica porta la poesia a creare una sua realtà nella quale prova diletto.

4462. Col passare del tempo, i movimenti d'avanguardia diventano una stagnante retroguardia conservatrice.

4463. Acuendo la sensibilità, la sofferenza può avere una gran forza creatrice.

4464. L'ispirazione consiste in un sentire "sensibilizzato" che è acutamente recettivo alla bellezza.

4465. La bellezza deve temere l'indifferenza ancor più della mancanza di buon gusto.

4466. Siamo sordi alle cose che non parlano alle nostre inclinazioni. Il difetto può essere nel nostro "udito" e non nel "linguaggio" degli stimoli.

4467. Uno può essere uno scrittore, ma, intermittentemente, non avere nulla da dire. Non si può esprimere quello che non si sente, eccetto il proprio vuoto interno.

4468. Come una sorgente ha bisogno di essere alimentata dalla freschezza di nuove piogge, così la creatività ha bisogno di nuovi sentimenti, percezioni, stimoli, emozioni ed idee.

4469. Se si ama, si soffre e se non si ama, si soffre: si soffre per l'amore e si soffre per la sua mancanza.

4460. Liberty involves responsibility. That is, it involves the guilt for those of our actions that do not conform to the current juridical and moral laws. *It is assumed* that an individual freedom exists (and therefore an individual responsibility) to make of it a deterrent to crime. If the crime is the outcome of emotive uncontrollable storms, attenuating circumstances are invoked to mitigate the punishment (for example, homicide of passion or, in other instances, unintentional). But many crimes may be prevented by the fear of punishment (and many emotive storms may be controlled for the same reason).

4461. Aesthetic sensibility leads poetry to create a reality of its own in which it can revel.

4462. With the passing of time, avant-garde movements become stagnating conservative rearguard.

4463. By sharpening sensibility, suffering may have a great creative force.

4464. Inspiration consists in a "sensitized" mood that is acutely receptive to beauty.

4465. Beauty must fear indifference even more than the lack of good taste.

4466. We are deaf to the things that do not speak to our inclinations. The fault may be with our "hearing" and not with the "language" of the stimuli.

4467. One may be a writer, and yet, intermittently, one may not have anything to say. One can not express what one does not feel, except one's own inner emptiness.

4468. As a spring needs to be fed by the freshness of new rain, likewise creativity needs new feelings, perceptions, stimuli, emotions and ideas.

4469. If we love, we suffer and if we do not love, we suffer: we suffer because of love and we suffer because of its lack.

4470. Gli estri della creatività la fanno essere o non essere, indipendentemente da quello che si vuole.

4471. Una sofferenza profonda impedisce allo spirito di essere superficiale.

4472. La passione non teme le dimensioni della tragedia.

4473. In genere, gli indovini sono meno accurati del servizio delle previsioni meteorologiche.

4474. Una buona parte della realtà umana è fatta da cose immaginarie o immaginate.

4475. Sotto la spinta non della riflessione, ma dei riflessi, si salta da un ciottolo all'altro nel ruscello della vita. Ad un certo punto, il ruscello finisce.

4476. La riflessione dovrebbe essere l'inseparabile compagna dell'azione, ma i filosofi ne fanno ragione di vita. Per analizzare la vita, se ne estraniano. La necessità di vederla dal di fuori.

4477. Se una cosa ed il suo opposto sono entrambi veri può dipendere dall'angolo da cui si osservano e non dall'essere sofisti.

4478. Per quelle contraddizioni inerenti alla natura umana, si può odiare l'amore e amare l'odio. Nessuno dei due è un sentimento felice.

4479. Se si comprende, si comprende che non tutto può piacerci.

4480. L'efficienza è utile, ma non è un ideale. È solo un mezzo.

4481. La brevità d'espressione scoraggia la discussione.

4482. Gli aforismi sono come sprazzi di luce che illuminano la volta oscura della notte della nostra ignoranza come minuscole stelle.

4483. Lo scopo dell'insegnamento è di insegnare agli studenti a pensare. Per lo meno, se si vuole educare la loro mente.

4470. The whims of creativity make it to be or not to be, independently of what one wants.

4471. A profound suffering prevents the spirit from being superficial.

4472. Passion does not fear the dimensions of tragedy.

4473. Usually, diviners are less accurate than the meteorological forecast service.

4474. A good part of the human reality is made up of things that are imaginary or imagined.

4475. Under the drive not of reflection, but of reflexes, we jump from one stone to another in the brook of life. At some point, the brook ends.

4476. Reflection should be the inseparable companion of action, but philosophers make of it the center of their life. In order to analyze life, they become estranged from it. The necessity of looking at it from the outside.

4477. Whether a thing and its opposite are both true may depend on the angle from which we observe them and not on being sophists.

4478. Because of the contradictions inherent in human nature, one can hate love and love hate. Neither of the two is a happy feeling.

4479. If we understand, we understand that we can not like everything.

4480. Efficiency is useful, but it is not an ideal. It is merely a means.

4481. Brevity of expression discourages discussion.

4482. Aphorisms are like flashes of light that illuminate the dark vault of the night of our ignorance like tiny stars.

4483. The goal of teaching is to teach students how to think. At least, if one wants to educate their mind.

4484. In certi film, la commedia del sesso viene confusa con il dramma dell'amore.

4485. Anche la malinconia ci permette di esplorare lati diversi di noi stessi e, necessariamente, non i più allegri.

4486. Un moralista dimostra come sia difficile passare dalla teoria alla pratica.

4487. Per capirsi bisogna essere sulla stessa lunghezza d'onda.

4488. Nella mania, si è allegri senza ragione. Per questo, non si può essere felici. Le manifestazioni compulsive dell'allegria non hanno nulla a che fare con la felicità.

4489. La chiarezza ci priva dei capricci fantastici della confusione.

4490. La grandezza degli antichi Greci si vede dal fatto che l'acutezza dell'intelletto era uguagliata dalla fantasia della loro mitologia.

4491. Tutto contribuisce alla Varietà, persino l'incompetenza.

4492. Una bella musica non solo commuove, ma incanta la mente.

4493. La disciplina costringe, la passione spinge.

4494. Non possiamo essere differenti da come siamo fatti. Se vogliamo diventare differenti è perché siamo fatti così.

4495. La bellezza seduce il cuore e lo ingentilisce.

4496. Se la Necessità fosse mossa anche occasionalmente dalla compassione, il sistema che regola cesserebbe di funzionare.

4497. L'unica maniera di comunicare con Dio è la preghiera.

4498. La stessa somma è un debito per chi la deve rendere e un credito per chi la deve ricevere. Similmente, la stessa cosa può essere vista da angoli opposti senza che per questo vi sia contraddizione.

4484. In certain motion pictures, the comedy of sex is mistaken for the drama of love.

4485. Melancholy too allows us to explore different sides of ourselves and, necessarily, not the most cheerful.

4486. A moralist demonstrates how difficult it is to pass from theory to practice.

4487. To understand each other we must be on the same wavelength.

4488. In mania, one is merry without reason. Therefore, one can not be happy. The compulsory manifestations of cheerfulness have nothing to do with happiness.

4489. Clarity deprives us of the fantastic whims of confusion.

4490. The greatness of ancient Greeks is seen in that the sharpness of their intellect was matched by the fantasy of their mythology.

4491. Everything contributes to Variety, even incompetence.

4492. Beautiful music not only moves, but it enchants the mind.

4493. Discipline compels, passion drives.

4494. We can not be different from the way we are made. If we want to become different, it is because we are made that way.

4495. Beauty seduces the heart and makes it gentler.

4496. If Necessity were to be moved even occasionally by compassion, the system that it regulates would cease working.

4497. The only way of communicating with God is with prayer.

4498. The same sum of money is a debt for the one who must return it and a credit for the one who has to receive it. Similarly, the same thing may be seen from opposite sides and yet there is no contradiction.

4499. Una mente aperta e recettiva diffida dei propri pregiudizi e della propria arroganza.

4500. Ci sono bugie generose e verità grette.

4501. Non si impara se ci si illude di saperne di più di quello che ci insegnano.

4502. Il silenzio invita alla riflessione, se questa vi risponde.

4503. Tanto volte, si riflette non prima, ma dopo gli errori.

4504. La morte è una ladra che sta in agguato, sempre pronta a rubare una vita che non se l'aspetta.

4505. Molti sono sedotti dalla bellezza, ma questo non è sufficiente per crearla, neanche per un artista.

4506. La purezza trova l'innocenza nell'ignoranza del peccato.

4507. La mancanza di affetti porta alla solitudine delle emozioni o all'emozione della solitudine.

4508. Se le funzioni del corpo sono meravigliosamente regolate in tal maniera da assicurare la sopravvivenza fisica, perché le leggi del comportamento dovrebbero dipendere solo dall'arbitrio o da decisioni personali? Dalla "saggezza" di ciascuno? Si possono infrangere le leggi dalla genetica, ma in genere non con profitto. Come il mangiare disordinatamente comporta rischi per il corpo, così una condotta disordinata comporta rischi ben precisi per il corpo e lo spirito. Pertanto, il comportamento è soggetto a leggi ben precise che riflettono fattori congeniti e acquisiti.

4509. Non tutto è difficile. Per esempio, il desiderio di non imparare è facilmente soddisfatto.

4510. Nell'ironia, si sembra apparentemente d'accordo perché si sorride, sia pure con discrezione.

4511. Ci sarebbero meno divorzi se ci fosse meno egoismo miope.

4499. An open and receptive mind distrusts its own prejudices and its own arrogance.

4500. There are generous lies and shabby truths.

4501. We do not learn if we are under the delusion of knowing more than what they are teaching us.

4502. Silence invites reflection, if the latter responds to it.

4503. Often, we reflect not before, but after our errors.

4504. Death is a thief that lies in wait, always ready to steal an unsuspecting life.

4505. Many are seduced by beauty, but this is not enough to create it, not even for an artist.

4506. Purity finds innocence in the ignorance of sin.

4507. The lack of affections leads to the solitude of emotions or to the emotion of solitude.

4508. If the functions of the body are marvelously regulated in such a manner as to insure physical survival, why should the laws of behavior only depend on arbitrary or personal decisions? On the "wisdom" of each one of us? Certainly, we can infringe the laws established by genetics, but in general not with profit. As eating in a disorderly manner involves risks for the body, similarly a disorderly conduct involves precise risks for the body and the spirit. Therefore, behavior is subject to well-defined laws that reflect congenital and acquired factors.

4509. Not everything is difficult. For example, the desire of not learning is easily satisfied.

4510. In irony, we apparently seem to agree because we smile, albeit with discretion.

4511. There would be fewer divorces if there were less myopic egoism.

4512. Tutti i tentativi di creare sono *assolutamente* ammirevoli, anche se taluni risultati possono non esserlo per nulla. Sia i successi che i fallimenti contribuiscono a caratterizzare un'epoca.

4513. Si può (e si deve) aver tatto, ma non al punto di mentire a noi stessi. Per quanto ci riguarda, è nel nostro interesse guardare la verità direttamente in faccia, che ci piaccia o meno.

4514. Servo-meccanismo positivo: le paure hanno una grande immaginazione e questa aumenta la loro intensità.

4515. Si può non credere alla verità, ma non è quella che sbaglia.

4516. Il nostro parere estetico è esposto alle incertezze del nostro buon gusto.

4517. Non il vuoto della noia, ma le nostre aspirazioni dovrebbero essere la causa della nostra irrequietezza.

4518. La volontà ha meno forza degli impulsi istintivi e, qualche volta, si mette al loro servizio.

4519. La Necessità regola l'Universo.

4520. La passione ci fa amare e noi qualche volta la si odia perché ci fa soffrire. E quando non si ama più, il senso di vuoto la fa rimpiangere.

4521. La musica dell'alba è fatta del crescente chiarore del silenzio.

4522. Per ridere, la gioventù non ha nemmeno bisogno di avere il senso dell'umorismo.

4523. Consideriamo obiettiva la nostra vanità. È quella degli altri che non lo è.

4524. L'energia senza idee o senza uno scopo diventa un movimento browniano. Persegue gli scopi del caso, cioè nessun scopo specifico.

4525. Il passato non può crescere se non fagocitando il futuro.

4512. All attempts to create are *absolutely* admirable, even if some results may not be so in the least. Both successes and failures contribute to characterize an age.

4513. One can (and must) be tactful, but not to the point of lying to oneself. As far as we are concerned, it is in our interest to look the truth squarely in the face, whether we like it or not.

4514. Positive feed-back: fears have a great imagination and the latter increases their intensity.

4515. One may not believe the truth, but it is not truth that errs.

4516. Our aesthetic opinions are exposed to the uncertainties of our good taste.

4517. Not the vacuum of our boredom, but our aspirations should be the cause of our restlessness.

4518. Willpower has less strength than instinctive drives and, sometimes, it works at their service.

4519. Necessity rules the Universe.

4520. Passion makes us love and sometimes we hate it because it makes us suffer. And when we do not love any more, the feeling of emptiness makes us regret it.

4521. The music of dawn is made of the growing clarity of silence.

4522. To laugh, youth does not even need to have sense of humor.

4523. We consider objective our vanity. It is that of others which is not so.

4524. Energy without ideas or without goals becomes a Brownian movement. It pursues the goals of chance, that is, no specific goals.

4525. The past can not grow if not by phagocytizing the future.

4526. Se siamo confusi, non è sempre colpa nostra, ma ancor meno è colpa degli altri.

4527. Non si scelgono le proprie scelte. Non si può essere idealisti se la nostra natura è molto pratica; o il contrario.

4528. Nei nostri tentativi, per quanto si faccia, saremo sempre incompleti.

4529. Nell'aridità, quello che manca è la vita delle emozioni.

4530. È facile vedere il fondo se l'acqua è bassa, a meno che non la si intorbidi di proposito.

4531. La vita ci propone un Ordine che non abbiamo creato.

4532. La sicurezza delle nostre opinioni cerca istintivamente l'alleanza della nostra arroganza.

4533. Si ama il dialogo finché non ci contraddicono con successo.

4534. Anche la futilità ha i suoi voli di fantasia che possono anche essere piacevolmente fatui.

4535. Si può essere arroganti solo perché siamo deboli.

4536. I nostri pensieri definiscono la nostra percezione della realtà. Pertanto, insieme alle nostre emozioni, diventano la nostra realtà.

4537. La cultura non elimina la mediocrità, ma può renderla piacevolmente sofisticata.

4538. Se i nostri pensieri non ci attraggono, quelli degli altri non ci interessano.

4539. L'alba è come una delicata transizione tra i sogni e la realtà.

4540. Quelle che chiamiamo le nostre scelte in realtà sono quelle della nostra natura (che non abbiamo scelto). Poiché le scelte della nostra natura ci determinano le consideriamo le nostre scelte.

4526. If we are confused, it is not always our fault, but even less is the fault of others.

4527. One does not choose one's own choices. One can not be an idealist if one's own nature is very practical; or the contrary.

4528. In our endeavors, no matter how much we do, we will always be incomplete.

4529. In aridity, what is missing is the life of emotions.

4530. It is easy to see the bottom if the water is shallow, unless we make it turbid on purpose.

4531. Life proposes us an Order that we did not create.

4532. The certainty of our opinions instinctively seeks the alliance of our arrogance.

4533. We love dialogue until others contradict us with success.

4534. Futility too has its flights of fantasy that can also be pleasantly fatuous.

4535. One can be arrogant only because one is weak.

4536. Our thoughts define our perception of reality. Therefore, together with our emotions, they become our reality.

4537. Culture does not eliminate mediocrity, but it may make it pleasantly sophisticated.

4538. If our own thoughts do not attract us, the thoughts of others do not interest us.

4539. Dawn is like a delicate transition from dreams to reality.

4540. What we call our choices in actuality are the choices of our nature (which we have not chosen). Since the choices of our nature determine us, we consider them our own choices.

4541. Voler comprendere tutto è come voler esplorare l'universo con una torcia elettrica.

4542. Dire delle cose divertenti è divertente, ma per chi? Il senso dell'umorismo di ciascuno si rifiuta di essere uniforme.

4543. Il senso dell'umorismo varia dal fatuo al macabro, con tutte le sfumature intermedie. Può incorporare diversi tipi di insipienza e non essere divertente per nulla.

4544. Si possono assorbire le caratteristiche dell'ambiente in cui si vive al punto di divenire una parte inarticolata della sua tappezzeria.

4545. La virtù, da sola, non è una compagna facile, ma i difetti, da soli, non sono compagni piacevoli.

4546. Sembrerebbe che la fisiologia della vita debba obbligatoriamente includere la patologia. Forse l'una non definisce l'altra? Che cosa è il "normale" senza l'anormale?

4547. Dopo un po' tutto satura. Persino la troppa bellezza satura la nostra capacità di apprezzarla come dimostra la visita di un giorno intero ad un museo. Inoltre, i piedi cominciano a far male...

4548. Se uno è eclettico, la varietà degli interessi e percezioni è più stimolante delle attrattive della specializzazione.

4549. L'originalità esprime le peculiarità di una personalità. Se uno ha anche dei meriti, si distingue in un campo. Se uno non ne ha, allora è solo "un originale".

4550. Anche il senso dell'umorismo è obbligato ad avere buon gusto. Non si può ridere a vanvera.

4551. Chissà chi saremmo stati se un altro spermatozoo avesse fecondato l'uovo. E di spermatozoi ce ne sono milioni e tutti differenti. Per non parlare dell'individualità dell'uovo disponibile. Le meraviglie del caso nella lotteria della vita.

4541. Wanting to understand everything is like wanting to explore the universe with a flashlight.

4542. To say amusing things is amusing, but for whom? The sense of humor of each person refuses to be uniform.

4543. Sense of humor varies from the fatuous to the macabre, with all the nuances that there are in between. It can incorporate different types of insipience and not be amusing at all.

4544. We can absorb the characteristics of the environment in which we live to the point of becoming an inarticulate part of its tapestry.

4545. Virtue, by itself, is not an easy companion, but faults, by themselves, are not pleasant companions.

4546. It would seem that the physiology of life must obligatorily include pathology. Does not one define the other? What is the "normal" without the abnormal?

4547. After a while everything saturates. Even too much beauty saturates our capacity of appreciating it, as demonstrated by spending a whole day in a museum. Furthermore, the feet start to ache...

4548. If one is eclectic, the variety of interests and perceptions is more stimulating than the attractions of specialization.

4549. Originality expresses the peculiarities of a personality. If one also has merits, one excels in a field. If one does not have merits, one is only "an original person".

4550. Even the sense of humor is obliged to have good taste. One can not laugh haphazardly.

4551. Goodness knows who we would have been if another spermatozoon had fecundated the egg. And there are millions of spermatozoa and each different. Not to speak of the individuality of the available egg. The wonders of chance in the lottery of life.

4552. Il caso si vergognerebbe di comportarsi razionalmente. In realtà, si tratterebbe di un suicidio. La coerenza del caso consiste nell'ignorare la coerenza.

4553. Si può aver torto non solo quando non ci fanno obiezioni, ma anche quando sono d'accordo con noi.

4554. Nelle dittature, si usa il terrore invece del senso civico per far rispettare le leggi, anche le più inique. Ma il terrore piace assai meno del senso civico. È per questo che una democrazia è più "fisiologica" di una dittatura.

4555. Si può essere non seri in maniera seria (per es., i pagliacci di un circo). O si può essere seri in maniera non seria (per es., la prosopopea).

4556. Qualcuno si crede un genio solo perché è sregolato.

4557. Se tutto fosse prevedibile, si perderebbero tante sorprese e anche l'eccitante stimolazione della suspense. Un'incompleta comprensione impedisce che questo avvenga.

4558. Persino la volgarità del parlare diventa ovvia se generalizzata, ma ovvia in una maniera spiacevole.

4559. Un rivoluzionario è un ribelle con una teoria, una teoria che si ribella all'ordine prevalente.

4560. Definire "lapidaria" una frase suggerisce qualcosa di funebre, come il chiudere per sempre una tomba con una lastra di granito.

4561. Nella filosofia, l'incomprensione cerca di sembrare abile sembrando profonda. O semplicemente chi scrive si sforza di spiegare a se stesso e agli altri quello che non capisce.

4562. L'ordine senza il caso avrebbe la mostruosità di una coerenza assoluta, al punto da essere prevedibile senza eccezioni.

4563. La praticità vede solo quello che è fisicamente visibile. Il suo pregio e il suo difetto sono quelli di essere solamente pratica.

4552. Chance would be ashamed of behaving rationally. In reality, that would be suicide. The coherence of chance consists in ignoring coherence.

4553. We can be wrong not only when no objections are raised, but also even when others agree with us.

4554. In a dictatorship, terror is used instead of public spirit to make people respect the laws, even the most iniquitous ones. However, terror is much less liked than public spirit. That is why a democracy is more "physiological" than a dictatorship.

4555. One may not be serious in a serious way (e.g., clowns of a circus). Or one can be serious in a non-serious way (e.g., prosopopoeia).

4556. Someone believes to be a genius only because he is disorderly.

4557. If everything were foreseeable, we would miss many surprises and the exciting expectations of suspense. An incomplete incomprehension prevents that from happening.

4558. Even vulgarity in speech becomes obvious when generalized, but obvious in an unpleasant way.

4559. A revolutionary is a rebel with a theory, a theory that rebels against the established order.

4560. To define "lapidary" a sentence suggests something funereal, like shutting forever a tomb with a slab of granite.

4561. In philosophy, incomprehension seeks to seem skillful by seeming profound. Or simply the one who writes it tries to explain to oneself and others what one does not understand.

4562. Order without chance would have the monstrosity of an absolute coherence, to the point of being foreseeable without exceptions.

4563. Practicality sees only what is physically visible. Its merit and its fault are those of being only practical.

4564. Possiamo anche tollerare le obiezioni al nostro modo di pensare, ma non quelle irrefutabili.

4565. Una sguardo opaco è una finestra aperta su una mente spenta.

4566. L'opinione di noi stessi cambia dal momento che si cambia, come suggeriscono lo specchio e le nostre azioni.

4567. Lo specchio ci restituisce quello che gli diamo, per quanto talvolta prendiamo in prestito quello che non gli abbiamo dato.

4568. L'individualità altrui marca i confini della nostra e contribuisce a definirla.

4569. Nell'ambiguità si dice (senza dirlo) quello che non si vuol dire esplicitamente.

4570. Ai molto giovani manca l'esperienza e ai molto vecchi non serve più.

4571. La comprensione senza gli affetti è ben poco, come capisce la stessa comprensione.

4572. Non solo l'essenza, ma anche la strategia di Dio è nascosta nelle profondità insondabili della sua intelligenza.

4573. L'ignoranza è una forma di protezione che impedisce alla comprensione di espugnare la nostra personale fortezza e le sue certezze.

4574. Ci si mimetizza secondo il gusto corrente in maniera che non ci scoccino.

4575. L'"Homo Sapiens" e l'"Homo Insipiens" si distinguono per quello che pensano e ancor più per quello che sentono.

4576. Essendo unica, l'originalità non può imitare nulla.

4577. In un ricevimento, l'euforia dell'alcol fa la conversazione vivace Mancano solo le conclusioni, ma nessuno se n'accorge.

4564. We may not mind the objections to our way of thinking, but not the irrefutable ones.

4565. An opaque glance is a window opened on a dull mind.

4566. The opinion of ourselves changes since we change, as the mirror and our actions suggest.

4567. A mirror gives us back what we give to it, although sometimes we borrow what we did not give to it.

4568. The individuality of others marks the boundaries of our individuality and contributes to define it.

4569. In ambiguity one says (without saying it) what one does not want to say explicitly.

4570. To the very young experience is lacking and to the very old it is no longer of use.

4571. Comprehension without affections amounts to rather little, as comprehension itself realizes.

4572. Not only the essence, but also the strategy of God is hidden in the unfathomable depths of his intelligence.

4573. Ignorance is a form of protection that prevents comprehension from storming our personal fortress and its certainties.

4574. We camouflage ourselves according to the current taste, so it does not bother us.

4575. "Homo Sapiens" and "Homo Insipiens" distinguish themselves for what they think and even more for what they feel.

4576. Being unique, originality can not imitate anything.

4577. In a party, the euphoria of alcohol makes the conversation lively. Only the conclusions are missing, but nobody notices it.

4578. Ciascuno è l'avvocato del proprio Io.

4579. Nella nostra debolezza, quello che spaventa è la sua forza.

4580. Le differenti espressioni dell'evoluzione dello stile di un artista piacciono a persone differenti. Lo stile evolve, ma il gusto di persone differenti un po' meno.

4581. Un cantante deve saper cantare le emozioni di quello che interpreta per suscitare emozioni in chi ascolta.

4582. Le percezioni analizzano temi individuali, e la riflessione se ne serve come base per sintetizzarli in un sistema.

4583. In ogni campo, la varietà continua (anche se interessante) stanca e perde l'interesse di un'attenzione troppo protratta. Questo problema si cura con opportune pause.

4584. Nel nostro abbandono, si sciolgono gli ormeggi dei nostri sogni.

4585. La praticità ha un concetto piuttosto limitato di quello che è utile.

4586. La nostra natura è resa umana soprattutto dall'amore nelle sue varie forme.

4587. La "dignità" delle apparenze è solo per uso esterno, come per certi farmaci (da non inghiottire).

4588 La necessità della varietà giustifica le cose più svariate, incluse quelle fatue o senza significato apparente. Per avere una tale funzione, *come categorie,* la fatuità e l'insignificanza devono rimanere coerenti a se stesse.

4589. Ci si stanca facilmente delle cose più per mancanza di tenacità che perché quelle diventano prive d'interesse.

4590. Essere superficiali non pesa. Ma il problema è proprio lì: la superficialità non ha peso.

4591. Si è irrequieti quando non siamo soddisfatti e insoddisfatti quando non siamo irrequieti.

4578. Everyone is the lawyer of one's own self.

4579. In our weakness, what frightens is its strength.

4580. Different people like different expressions in the evolution of the style of an artist. The style evolves, but the taste of different people less so.

4581. A singer must be able to sing the emotions that he/she interprets in order to elicit emotions in the listeners.

4582. Perceptions analyze individual themes and reflection uses them as a basis to synthesize them in a system.

4583. In every field, a continuous variety (even if interesting) tires people and loses the interest of a too protracted attention. The problem is cured with suitable pauses.

4584. In our abandon, we untie the moorings of our dreams.

4585. Practicality has a rather limited conception of what is useful.

4586. Our nature is made human above all by love in its various forms.

4587. "Dignity" of appearance is only for external use, as are for some drugs (not to be swallowed).

4588. The necessity of variety justifies the most varied things, including the fatuous or apparently meaningless ones. To have such a function, *as categories*, fatuity and meaninglessness must remain coherent to themselves.

4589. We easily tire of things more for lack of tenacity than because they become uninteresting.

4590. Being superficial is not much of a weight. But the problem is just that: superficiality does not carry weight.

4591. We are restless when we are unsatisfied and we are unsatisfied when we are not restless.

4591. Qualcuno si crede di essere una "prima donna" quando invece non è nemmeno il "terzo uomo".

4592. La tecnica dell'ambiguità consiste nel mescolare il pertinente con l'impertinente.

4593. Le vie del Signore sono infinite, ma non la nostra comprensione di quelle vie.

4594. La morte: "Rien ne va plus".

4595. Qualcuno crede che per fare dei paradossi basti dire il contrario di quello che è vero.

4596. Nel silenzio, non ci rimane che pensare. O fare un sonnellino.

4597. Se l'umorismo non fa ridere, fa ridere.

4598. Dopo un po', la coerenza viene a noia dal momento che diventa prevedibile e monotona.

4599. Gli aforismi spiritosi o paradossali stimolano l'imitazione e quelli acuti stimolano la riflessione.

4600. Naturalmente abbiamo diritto alle nostre opinioni, ma non a credere che le opinioni siano giuste solo perché sono nostre.

4601. Raramente si arriva al fondo delle cose che si capiscono e mai al fondo di quelle che non si capiscono.

4602. Ci sono pensieri di tante specie e alcuni ci interessano che siano veri o meno.

4603. I sillogismi degli affetti: si può odiare quello che si ama perché si ama quello che si odia.

4604. La semplicità è così riposante.

4605. Un ipocrita competente mostra solamente le emozioni che non prova.

4591. Some believe themselves to be a "prima donna", when instead they are not even the "third man".

4592. The technique of ambiguity consists in mixing the pertinent and the impertinent.

4593. The ways of the Lord are infinite, but not our comprehension of those ways.

4594. Death: "Rien ne va plus".

4595. Some believe that to make a paradox it is sufficient to say the contrary of what is true.

4596. In silence, we can only think. Or take a nap.

4597. If humor does not make one laugh, it makes one laugh.

4598. After a while, coherence becomes a bother, since it becomes foreseeable and monotonous.

4599. Witty or paradoxical aphorisms stimulate imitation and the acute ones stimulate reflection.

4600. Naturally we have a right to our opinions, but not to believe that the opinions are right just because they are ours.

4601. Rarely, we reach the bottom of the matters that we understand and never reach the bottom of those that we do not understand.

4602. There are thoughts of all kinds and some interest us whether or not they are true.

4603. The syllogisms of affections: one may hate what one loves, because one loves what one hates.

4604. Simplicity is so soothing.

4605. A competent hypocrite shows only the emotions that he does not feel.

4606. La curiosità ci fa imparare anche quando non era la sua intenzione.

4607. Il mondo diventa piatto quando la sensibilità diventa ottusa.

4608. La semplicità non complica le cose, ma solo quando le capisce.

4609. Non si può avere tutto e pertanto quello che si sceglie richiede perspicacia e una notevole disciplina, o forse solo l'intenso interesse delle nostre inclinazioni naturali.

4610. Non manifestare le proprie emozioni è il presupposto per simularle.

4611. I dubbi e le esitazioni dell'ansia indeboliscono la debolezza della nostra indecisione.

4612. Per avere una risposta finale a tante domande, bisognerebbe avere una mente che ne è capace.

4613. Gli occhi sono splendenti solo nella gioventù.

4614. Spesso la timidezza (ma mai la sfacciataggine) si associa alla sensibilità.

4615. Se siamo troppo sicuri di noi stessi vuol dire solo che la nostra superficialità non ci conosce a fondo.

4616. L'apprezzamento di sfumature dipende solo dalla sensibilità e finezza di chi osserva.

4617. Tutte le cose sono utili, non per ciascuno, ma per qualcuno. Non troveremo cose inutili per tutti neanche tra le eccezioni.

4618. Non è il tempo a curare le nostre pene, ma la poca perseveranza dei nostri sentimenti, aiutata dall'abitudine. Si può anche ricordare per lungo tempo, ma man mano meno frequentemente e con echi emotivi sempre più deboli. Inoltre, vi è la concorrenza inevitabile di nuovi sentimenti e di nuove pene. Quello che vale per le pene vale anche per le gioie per le stesse precise ragioni.

4606. Curiosity makes us learn even when that was not its intention.

4607. The world becomes flat when sensibility becomes dull.

4608. Simplicity does not complicate matters, but only when it understands them.

4609. One can not have everything and therefore what one chooses requires perspicacity and a lot of discipline, or perhaps only the strong interest of our natural inclinations.

4610. Not to show one's emotions is the prerequisite for simulating them.

4611. The doubts and hesitations of anxiety weaken the weakness of our indecision.

4612. To have the ultimate answer to many questions, one should have a mind that is capable of it.

4613. The eyes are resplendent only in youth.

4614. Often timidity (but never impudence) is associated with sensibility.

4615. If we are too sure of ourselves, it means only that our superficiality does not know us enough in depth.

4616. The appreciation of nuances depends only on the sensitivity and finesse of the observer.

4617. All things are useful, not for everyone, but for some. We shall not find things useless for all even among the exceptions.

4618. It is not time that cures our sorrows, but the little perseverance of our feelings, helped by habit. One can even remember for a long time, but gradually less often and with ever-weaker emotional echoes. Furthermore, there is the unavoidable competition of new feelings and new sorrows. What is true for sorrows is true also for joys for exactly the same reasons.

4619. Se le nostre pene o le nostre gioie (invece di susseguirsi) si accumulassero gradualmente, alla fine ci schiaccerebbero.

4620. Chi ha tutto non è più felice di tutti gli altri, eccetto nella mente di quest'ultimi.

4621. Ci sembra inconcepibile che chi ha quello che *noi* desideriamo non debba essere felice. Eppure, quello che abbiamo ottenuto noi stessi non ci ha assicurato una persistente felicità.

4622. L'infelicità è l'ombra della felicità. La precede o la segue secondo le occasioni.

4623. Non è naturale essere sempre naturali.

4624. Non c'è medaglia senza l'altra faccia. Come per certa gente, è spesso impossibile decidere quale delle due facce è "l'altra".

4625. La chiarezza fuga le delicate penombre dell'immaginazione come il primo mattino fuga i veli rosa dell'alba.

4626. I discorsi sconclusionati si riconoscono dalla mancanza sia di premesse che di conclusioni.

4627. La routine mi assalta giornalmente, per quanto non le abbia fatto nessun torto.

4628. Si sospira con rassegnazione quando non serve a nulla mettersi a urlare.

4629. È vero che quello che conta è la qualità, ma si deve soddisfare anche la necessità di una minima quantità critica. Per esempio, sarebbe difficile per un pittore essere grande dipingendo un quadro solo. Un quadro (o un romanzo) non può che essere un'espressione parziale e limitata di quanto uno può dire. È quello che succede quando un artista muore giovane.

4630. I confini tra verità e bugie possono essere artificialmente resi incerti da un uso accorto delle parole usate.

4619. If our sorrows or our joys (instead of following one another) were to gradually accumulate, in the end they would crush us.

4620. Those who have everything are not happier than everybody else, except in the mind of the latter.

4621. It seems inconceivable to us that those who have that which *we* desire might not be happy. Yet, what we obtained ourselves did not secure for us a lasting happiness.

4622. Unhappiness is the shadow of happiness. It precedes or follows it depending on the occasion.

4623. It is not natural to be always natural.

4624. There is no coin without the other side. As for some people, it is often impossible to decide which of the two sides is the "other".

4625. Clarity scatters the delicate nuances of imagination like the early morning dispels the rosy veils of dawn.

4626. Rambling speeches are recognized by the lack of either premises or conclusions.

4627. Routine assaults me every day, although I have done nothing wrong to it.

4628. One sighs with resignation when it serves no purpose whatever to start shouting.

4629. It is true that what counts is quality, but also the requirement of a least critical quantity must be fulfilled. For example, it would be difficult for a painter to be great by painting only one picture. A painting (or a novel) can not but be a partial and limited expression of what one can say. This is what happens when an artist dies young.

4630. The boundaries between truth and lies may be made artificially uncertain by a skillful use of the words used.

4631. Cantare è spesso l'espressione di una serena letizia.

4632. Alcuni sono confusi dal fatto che la scienza dubita di tante interpretazioni umane di Dio e allo stesso tempo fornisce le prove della sua esistenza.

4633 Sono le creazioni dell'ingegno umano che fanno avanzare le frontiere della mente umana.

4634. Per non essere costretti a vivere sempre nell'ombra di Dio, la genetica non ci fa sentire gratitudine per i suoi doni, incluso quello della nostra vita. Tuttavia la genetica istilla sentimenti religiosi per non essere abbandonati a noi stessi.

4635. La verità è come la luce del sole: quando abbaglia, si chiudono gli occhi.

4636. Se un aforisma è più lungo di una frase, probabilmente è una riflessione.

4637. Un filosofo non si estranea dalla vita. Invece vive la *sua* vita (quella di filosofo), come gli altri vivono la loro.

4638. Se si dice anche noi quello dicono tutti, non si corre il rischio di essere contraddetti (eccetto dai fatti).

4639. Le illusioni possono dare più piacere quando si provano che quando si realizzano.

4640. Qualcuno nasconde i suoi strati di furberia così profondamente che non affiorano neanche quando quello beve troppo.

4641. Gli altri leggono i nostri pensieri per lo meno in parte, perché inconsciamente ci si tradisce. Ma succede soprattutto se chi ascolta sa leggere i nostri pensieri dalle parole usate e dall'espressione del viso.

4642. I nostri sentimenti non chiedono a nessuno (compresa la nostra mente) il permesso di essere quelli che sono. Scelgono le nostre emozioni e qualche volta la loro indipendenza non ci dispiace.

4631. Singing is often the expression of a serene gladness.

4632. Some are confused by the fact that science doubts many of the human interpretations of God and at the same time provides the proof of his existence.

4633. It is the creations of human ingenuity that advance the frontiers of the human mind.

4634. In order not to be forced to always live in the shadow of God, genetics does not make us feel gratitude for his gifts, including that of our life. Nevertheless, genetics does instill religious feelings in order not to be abandoned to ourselves.

4635. Truth is like the light of the sun: when it dazzles, we shut our eyes.

4636. If an aphorism is longer than a sentence, it is probably a reflection.

4637. A philosopher is not estranged from life. Instead, he lives *his* life (that of a philosopher) like others live theirs.

4638. If we too say what everyone says, we do not run the risk of being contradicted (except by facts).

4639. Illusions may give more pleasure when we feel them than when they are realized.

4640. Some hide so deeply their strata of mischief that these strata do not surface even when they are drinking too much.

4641. Others read our hidden thoughts at least in part, because unconsciously we betray ourselves. But it happens mostly if the listener knows how to read our thoughts from the words used and the expression of the visage.

4642. Our feelings do not ask anybody (including our own mind) the permission to be what they are. They select our emotions and sometimes their independence does not displease us.

4643. Una spiacevole freddezza di mente può sottomettere le emozioni, ma non le passioni.

4644. Qualcuno cerca la gente semplice, non perché è piacevole, ma perché la ritengono ingenua e pertanto assai più facile ad approfittarsene.

4645. L'educazione è l'aggiornamento della mente delle nuove generazioni alle precedenti conquiste della razza umana.

4646. Quando si parla si esprimono i nostri pensieri, ma non quello che pensiamo (per così dire) "tra parentesi". I pensieri tra parentesi sono per consumo interno.

4647. Anche le bugie bisogna saperle dire. Si richiede abilità, garbo e disinvoltura.

4648. L'egoista si vuol troppo bene per essere coraggioso.

4649. Se si vedono solo i difetti dell'umanità, si dovrebbe concludere che siamo tutti mostri. Ma sarebbe una conclusione erronea.

4650. La gente ha la tendenza a giudicare sacri i suoi dogmi (quello in cui crede ciecamente) per quanto, di fatto, gli interessi specifici facciano prevalere spesso la praticità del compromesso.

4651. I disegni dei bambini sono deliziosamente ingenui, e quelli di certi pittori vogliono esserlo. Quello che manca è la spontaneità dell'infanzia e la maturità che ci si aspetta da un adulto.

4652. Il silenzio è d'oro quando la parola non lo è (o è solo dorata).

4653. È difficile essere grandi persino nei propri vizi e i difetti.

4654. Quando uno vuol morire, in pratica è già morto.

4655. Una generosità calcolata può essere peggiore di un egoismo spontaneo.

4656. Si perdona molto a quello che intrattiene piacevolmente.

4643. An unpleasant coldness of mind can subdue emotions, but not passions.

4644. Some seek out simple people, not because they are pleasant, but because they deem them naive and so much easier to take advantage of.

4645. Education is the updating of the mind of new generations to the preceding conquests of the human race.

4646. When we speak, we express our thoughts, but not what we think (so to speak) "in parenthesis". The thoughts in parenthesis are for internal consumption.

4647. Lies too need to be said well. Skill, charm and impudence are required.

4648. The egoist loves himself too much to be courageous.

4649. If we see only the faults of human kind, we should conclude that we are all monsters. But it would be the wrong conclusion.

4650. People have the tendency to consider sacred their dogmas (that in which they blindly believe) although, actually, specific interests make the practicality of compromise often prevail.

4651. The drawings of children are delightfully ingenuous, and those of some painters try to be so. What is missing is the spontaneity of the infancy and the maturity to be expected from an adult.

4652. Silence is golden when the word is not so (or it is only gilded).

4653. It is difficult to be great even in one's vices and faults.

4654. When one wants to die, in practice one is already dead.

4655. A calculated generosity may be worse than a spontaneous egoism.

4656. One pardons a lot to what entertains pleasantly.

4657. Non tutte le cose sono profonde, ma sarebbe intollerabile se tutte lo fossero.

4658. Un politico non può sembrare "nobile" se è goffo. Quello che si vuol dare a bere deve essere bevibile.

4659. Si può non essere padroni dei propri sentimenti, ma questo non ci esonera sfortunatamente dalla responsabilità delle nostre azioni.

4660. Rilassarsi significa fare quello che non c'è permesso di fare abitualmente: per esempio, nulla.

4661. La bellezza in declino ricorda nostalgicamente quella che fu.

4662. La varietà delle cose create soddisfa la varietà del gusto individuale. Ciascuno ama quelle cose che si confanno alla sua concezione del bello.

4663. Come ci si comporta condiziona la nostra opinione di noi stessi.

4664. Non dovremmo illuderci di essere così abili da darla ad intendere a noi stessi. Tutt'al più, possiamo convenientemente rifiutarci di vedere quello che si guarda.

4665. Se potessimo scegliere i sentimenti che proviamo, la nostra vita diventerebbe rosa dai dubbi.

4666. *In vino veritas*: non tutta, non tutta. E ancora di meno nelle autobiografie.

4667. Tra i golfi più profondi c'è certo anche quello tra l'Io ufficiale e l'Io reale.

4668. L'ipocrisia è come una cortina fumogena che non ha nulla a che fare con la malinconia deliziosamente grigia della nebbia dal momento che il fumo irrita.

4669. Quello che si ama intensamente diventa un sogno.

4657. Not all things are profound, but it would be intolerable if all of them were.

4658. A politician can not seem "noble", if he is clumsy. What we want other people to drink must be drinkable.

4659. We may not be the masters of our feelings, but unfortunately this does not exonerate us from the responsibility of our actions.

4660. To relax means to do what we are not permitted to do habitually: for example, nothing.

4661. A beauty in decline reminds one nostalgically of what it has been.

4662. The variety of created things satisfies the variety of individual taste. Everyone loves those things that suit one's conception of the beautiful.

4663. The way we behave conditions our opinion of ourselves.

4664. We should not delude ourselves of being so clever as to fool ourselves. At most, we can conveniently refuse to see what we look at.

4665. If we could choose the sentiments that we feel, our life would be gnawed by doubts.

4666. *In vino veritas*: not the whole truth, not the whole truth. And even less in autobiographies.

4667. Among the deepest gulfs there is certainly also that between the official Self and the real Self.

4668. Hypocrisy is like a smokescreen that has nothing to do with the delightfully gray melancholy of the fog since smoke irritates.

4669. What we intensely love becomes a dream.

4670. I vizi sono umiliati e offesi, e persino diffamati. Come se le virtù fossero sempre virtuose.

4671. Le scuse fanno sempre comodo per salvare la faccia, anche se quasi nessuno vi crede.

4672. La bellezza seleziona senza possibilità d'appello.

4673. La mediocrità comincia quando si cessa di odiarla.

4674. Qualche volta si deve essere ipocriti per non essere crudeli. O per lo meno non si deve dire la verità.

4675. Non solo non si dice sempre la verità, ma neanche la si vuole sentire sempre.

4676. Dopo la scienza, l'unica ad amare la verità, tutta la verità e nient'altro che la verità è la filosofia. La sua verità è tollerata perché si rivolge a tutti in generale e a nessuno in particolare.

4677. La modestia può tacere e anche arrossire, ma non bisogna forzarla a mentire per rimanere modesta.

4678. Le nostre contraddizioni pongono la domanda di chi siamo, dal momento che non possiamo essere una cosa e il suo opposto.

4679. I ragionamenti sbagliati imbrogliano la comprensione.

4680. L'unica ad amare la bellezza, tutta la bellezza e nient'altro che la bellezza è l'arte. Ma non deve essere ingannata dal cattivo gusto.

4681. Classico diventa non quello che piace, ma quello che è bello. La decantazione delle mode permette al buon gusto di emergere.

4682. Se fossimo sempre virtuosi, diverremmo insopportabili, come se non lo fossimo mai. Il compromesso usuale è quello di essere umani, cioè una mescolanza di virtù e difetti.

4683. Le virtù vanno perseguite con determinazione: si dovrebbe fare per lo meno quello.

4670. Vices are humiliated and offended and even slandered. As if virtues were always virtuous.

4671. Excuses are very handy to save face, even if almost nobody believes them.

4672. Beauty sets apart without possibility of an appeal.

4673. Mediocrity begins when one ceases to hate it.

4674. Sometimes, we have to be hypocrites not to be cruel. Or at least we do not have to say the truth.

4675. Not only we do not say always the truth, but also we do not always want to hear it.

4676. After science, the only one to love the truth, the whole truth and nothing but the truth is philosophy. Its truth is tolerated because it addresses everybody in general and nobody in particular.

4677. Modesty can keep silent and even blush, but one should not force it to lie in order to remain modest.

4678. Our contradictions raise the question as to who we are, since we can not be one thing and its opposite.

4679. Wrong reasoning deceives comprehension.

4680. The only one to love beauty, the whole beauty and nothing but beauty is art. But to do so, it must not be deceived by bad taste.

4681. Classic becomes not that which we like, but what is beautiful. The decantation of fashions allows good taste to emerge.

4682. If we were always virtuous, we would become unbearable, as if we were never to be so. The usual compromise is that of being human, that is, a mixture of virtues and faults.

4683. Virtues must be pursued with determination: we ought to do at least that much.

4684. I sentimenti ci fanno sia felici che infelici. Tutto dipende da quello che si vuole. Quello che non permettono è l'indifferenza.

4685. Come la scienza, l'arte sperimenta usando come strumento la creatività individuale di ciascun artista. Come nella scienza, non tutti gli esperimenti hanno successo. Non basta amare l'arte per diventare artisti.

4686. La scienza non è immune al fascino della bellezza di quello che indaga, non meno di quanto l'arte sia sensibile alle leggi della scienza (dalla prospettiva alla psicologia, e alla concezione del bello secondo i dettati della genetica).

4687. Si parla di *ultimissime* notizie perché quelle di prima non lo sono più.

4688. Le mode fanno (o dovrebbero fare) un'epoca scintillante. Il loro compito principale è di contribuire a creare una stimolante Varietà mediante le creazioni di persone con gusti differenti.

4689. Ciascun lettore legge in quello che è scritto anche i suggerimenti delle sue "intuizioni". Si riscrive mentalmente quello che si legge, alla luce delle interpretazioni della nostra mente. Ovverosia, le caratteristiche della nostra mente sono gli occhiali con cui si vede la mente degli altri. S'integra quello che è scritto con quello ci s'immagina che voglia dire o che ci sembra che implicitamente riveli. Le notevoli differenze nelle critiche letterarie illustrano questo punto.

4690. Nella nostra gioventù si vive inconsciamente quello che poi si rimpiange consciamente.

4691. Ci trovano più simpatici quando si esibiscono i nostri difetti.

4692. La primavera ha la delicatezza dell'alba, l'alba delle stagioni.

4693. I differenti tipi di musica si rivolgono a differenti strati emotivi della nostra anima. Questo potrebbe implicare differenti strati "ricettivi" localizzati in differenti aree del cervello. Chi avesse più strati apprezzerebbe più tipi di musica.

4684. Feelings make one either happy or unhappy. It all depends on what we want. What they do not allow is indifference.

4685. As science, art experiments using as its instrument the individual creativity of each artist. As in science, not all experiments are successful. It is not enough to love art to become an artist.

4686. Science is not immune to the fascination of the beauty of what it investigates, no less than how much art is sensitive to the laws of science (from perspective to psychology, and the conception of beauty according to the dictates of genetics).

4687. We speak of the *latest* news because the ones before are no longer so.

4688. Fashions make (or should make) an age sparkling. Their main task is to contribute to create a stimulating Variety through the creations of people with different tastes.

4689. Each reader reads in what it is written also the suggestions of his "intuitions". Mentally, we re-write what we read in the light of the interpretations of our mind. That is, the characteristics of our mind are the spectacles with which we see the mind of others. We integrate what is written with what we imagine that it might mean or with what it seems to us it might implicitly reveal. The considerable differences in literary critiques illustrate this point.

4690. In our youth we live unconsciously what later on we miss consciously.

4691. Others find us more likeable when we display our faults.

4692. Springtime has the delicateness of dawn, the dawn of seasons.

4693. Different kinds of music address themselves to different emotional layers of our soul. This could imply different "receptor" layers localized in different areas of the brain. Those who might have more layers would appreciate more kinds of music.

4694. La finezza porta alla comprensione di sfumature che sono essenziali per una penetrante e più comprensiva valutazione di un'opera.

4695. Se fossimo più semplici, probabilmente saremmo più felici.

4696. L'erudizione contribuisce la conoscenza di un gran numero di fatti alla comprensione di un gran numero di concetti.

4697. La sensibilità è un attributo permanente, ma non l'ispirazione. Quest'ultima ha bisogno che la sensibilità sia acuita da una speciale emozione.

4698. In una persona, le emozioni sono diverse, possibilmente perché differenti stimoli eccitano diversi strati della sua mente.

4699. L'erudizione nasce dalla necessità di una vasta provvista di conoscenza che permette di comparare differenti contribuzioni originali e di valutarle criticamente.

4700. La maniera più facile (e più "conveniente") per essere "virtuoso" è quella di essere un ipocrita.

4701. Le cattiverie sono penose quando si ricevono da chi ci si fida. E più penose ancora quando si ricevono da chi si ama.

4702. In quello che ciascuno dice e fa si possono rivelare le qualità dell'anima, per lo meno a quelli che le sanno leggere correttamente attraverso la cortina del riserbo.

4703. Un silenzio accorto è preferibile a parole involontariamente rivelatrici.

4704. L'unica cura contro l'altrui invidia è soprattutto la lontananza.

4705. Il silenzio è la migliore risposta alle offese scervellate.

4706. Se si deve leggere una mente, la cosa più proficua è di tentare di leggere correttamente la nostra. Per lo meno lì, abbiamo il vantaggio di una conoscenza riservata.

4694. Finesse leads to a comprehension of the nuances that are essential to an insightful and more comprehensive evaluation of a work.

4695. If we were simpler, probably we would be happier.

4696. Erudition contributes a large number of facts to the comprehension of a large number of concepts.

4697. Sensibility is a permanent attribute, but not inspiration. The latter necessitates that sensibility should be heightened by a special emotion.

4698. In a person, emotions are different, possibly because different stimuli excite different layers of his mind.

4699. Erudition arises from the necessity of a vast store of knowledge that permits to compare different original contributions and to evaluate them critically.

4700. The easiest (and most "convenient") way to be "virtuous" is to be a hypocrite.

4701. Nastiness is painful when it comes from those we trust. And even more painful when it comes from those we love.

4702. In what everyone says and does the qualities of the soul can be revealed, at least to those who can read them correctly through the curtain of reserve.

4703. A perspicacious silence is preferable to unwittingly revealing words.

4704. The only cure against others' envy is, above all, distance.

4705. Silence is the best answer to brainless offenses.

4706. If one has to read a mind, the most profitable thing is to try and correctly read ours. At least there, we have the advantage of an insider's knowledge.

4707. L'invidia esaspera chi la prova.

4708. Ciascuno vive una vita diversa perché differenti sono per ciascuno le percezioni, elaborazioni, deduzioni, preferenze, intuizioni, emozioni, esperienze, evenienze, aspirazioni, inclinazioni, desideri, istinti, gusti, sensibilità, ecc.

4709. Si invidia chi riteniamo essere superiore a noi e si ha poco riguardo per chi riteniamo essere inferiore a noi. Allo stesso tempo, invidiosi e superbi.

4710. La propria furbizia è vista come un mezzo per acquisire quello che non ci è dovuto. Nel mondo biologico, i parassiti la devono pensare più o meno alla stessa maniera.

4711. La depravazione considera originale e audace trattare quello che un naturale ritegno relega alle cloache dell'umanità. Ma il vero problema è quando crea non arte, ma volgarità.

4712. Siamo i figli del caso, come lo è la fortuna.

4713. Soggettivamente si guadagna sempre troppo poco e oggettivamente spesso si spende male.

4714. La libidine è un'esasperata ricerca del piacere fisico. Non soddisfa, ma progressivamente degenera.

4715. L'evoluzione è un cambiamento causato da condizioni casuali, favorevoli o sfavorevoli. Può svolgersi secondo un piano, ma il piano non è suo.

4716. La verità può essere arida, ma non quando è anche bella.

4717. Non è tanto il viaggiare per sé quanto l'avere nuove percezioni e sensazioni che è avvincente.

4718. Vedere continuamente cose nuove e stimolanti diventa alla fine un'abitudine. È il destino della ricchezza.

4719. Sembra importante capire anche quello che non si può cambiare.

4707. Envy exasperates those who experience it.

4708. Everybody lives a different life because different are everybody's perceptions, elaborations, deductions, preferences, intuitions, emotions, experiences, events, aspirations, inclinations, desires, instincts, tastes, sensibility, etc.

4709. We envy those who we believe to be superior to us and we have little consideration for those who we believe to be inferior to us. At the same time, we are envious and haughty.

4710. One's own shrewdness is seen as a means to acquire what is not due to us. In the world of biology, parasites must feel just about the same way.

4711. Depravity considers original and bold to deal with what a natural reserve relegates to the cloacae of humanity. The real problem is when it creates not art, but vulgarity.

4712. We are the children of chance, as luck is.

4713. Subjectively we always earn too little and objectively we often spend unwisely.

4714. Libido is an extreme search of physical pleasure. It does not satisfy, but it progressively degenerates.

4715. Evolution is a change caused by casual conditions, favorable or unfavorable. It can unfold according to a plan, but it is not its plan.

4716. Truth can be arid, but not when it is also beautiful.

4717. It is not so much traveling in itself as having new perceptions and sensations that is engaging.

4718. To continuously see new and exciting things in the end becomes a habit. It is the fate of wealth.

4719. It seems important to understand even what we can not change.

4720. La semplicità vuol dire non complicare quello che è già complesso di suo.

4721. Quello a cui siamo esposti ci modifica in maniera complessa, perché modifica il nostro conscio e subconscio.

4722. Una dura disciplina non è una virtù, ma la disciplina lo è.

4723. Molte cose sembrano ovvie a chi è superficiale.

4724. Quello che ci annoia o ci stimola è compreso dentro i limiti del nostro livello mentale.

4725. Un intelletto raffinato tende a considerarsi superiore quando in realtà è solo raffinato.

4726. Dubitiamo più frequentemente di noi stessi quando siamo esauriti.

4727. Il pentimento richiede che i nostri principi si sentano offesi.

4728. Le mode sono amorali e pertanto non esitano a far sembrare sorpassato sia quello che è morale sia quello che non lo è.

4729. Come schiavi incatenati, gli istinti repressi si divincolano e si lamentano dentro di noi.

4730. Non bisognerebbe sottovalutare l'utilità dei lati positivi dei difetti altrui.

4731. La bellezza si concede solo a chi ha sensibilità.

4732. La base obiettiva della nostra "importanza" può essere sopratutto la nostra presunzione.

4733. In una maniera o nell'altra, il cattivo gusto non discrimina contro nessuno.

4734. La moda non è arte, ma l'arte ha le sue mode, qualche volta cessando di essere arte.

4720. Simplicity means not to complicate what is already complex on its own.

4721. That to which we are exposed modifies us in a complex manner, because it modifies our conscious and subconscious.

4722. A harsh discipline is not a virtue, but discipline is.

4723. Many matters seem obvious to those who are superficial.

4724. What bores or stimulates us is comprised within the range of our mental level.

4725. A refined intellect tends to consider itself superior when in actuality it is only refined.

4726. We doubt ourselves more frequently when we are exhausted.

4727. Repenting requires that our principles should feel offended.

4728. Fashions are amoral and therefore they do not hesitate to make what is moral or what is not look like they were outdated.

4729. As chained slaves, the repressed instincts struggle and moan within us.

4730. One should not underestimate the usefulness of the positive aspects of others' faults.

4731. Beauty yields only to those who have sensibility.

4732. The objective basis for our "importance" can be mostly our presumptuousness.

4733. One way or the other, bad taste does not discriminate against anybody.

4734. Fashion is not art, but art has its own fashions, sometimes ceasing to be art.

4735. Quello che fa straordinario l'amore è che vede della persona amata solo i lati migliori, compresi anche quelli che non ci sono.

4736. La noia non sa risolvere i suoi problemi, perché li crea.

4737. La mancanza di curiosità è una forma di indolenza mentale.

4738. Si trova sempre interessante quello che si desidera.

4739. Se si usano solo frasi brevi, si finisce col comunicare mediante telegrammi.

4740. Una sintesi attendibile e completa richiede più di un'analisi approssimativa.

4741. Per la scienza, un'affermazione scientifica, anche se è vera, non vale nulla senza prove sperimentali.

4742. Si può eccellere nell'analisi e non nella sintesi, ma non si eccelle nella sintesi senza eccellere nell'analisi.

4743. La sintesi è una visione panoramica e comprensiva dell'analisi. Integra il significato delle relazioni e la relazione dei significati.

4744. Inevitabilmente, un avvenimento influenza quello che segue. Qualcuno chiama questo processo evoluzione.

4745. Le belle arti non possono essere pretenziose. Perché dovrebbero esserlo quelle brutte?

4746. Non occorre essere seri per essere presi sul serio dalle persone non serie.

4747. Qualcuno si crede famoso solo perché è conosciuto.

4748. Non bisogna avere paura di non essere meschini: le occasioni per esserlo non ci mancheranno mai.

4749. Il caso mitiga i danni di una rigida "saggezza" introducendo l'imprevedibile.

4735. What makes love extraordinary is that it sees of the beloved only the best traits, including even those which are not there.

4736. Boredom is unable to solve its problems because it creates them.

4737. The lack of curiosity is a form of mental indolence.

4738. We always find interesting what we desire.

4739. If we use only short sentences, we end up communicating by means of telegrams.

4740. A reliable and complete synthesis requires more than an approximate analysis.

4741. In science, a scientific statement, even if it is true, is worth nothing without experimental proof.

4742. One can excel in the analysis and not in the synthesis, but one can not excel in the synthesis without excelling in the analysis.

4743. Synthesis is a panoramic and comprehensive vision of analysis. It integrates the meaning of relations and the relation of meanings.

4744. Inevitably, an event influences what follows. Some call this process evolution.

4745. The fine arts can not be pretentious. Why should the ugly ones be so?

4746. One does not need to be serious to be taken seriously by people who are not serious.

4747. Some believe to be famous only because they are well known.

4748. We should not be afraid of not being mean: we will never lack the occasions for being so.

4749. Chance limits the damage of a rigid "wisdom" by introducing the unpredictable.

4750. Il miglior aperitivo è la fame.

4751. Si "interpreta" in una maniera personale quello che non si capisce chiaramente, o perché non è obiettivamente chiaro o perché non è chiaro a noi.

4752. Ci si risente di chi non ci insegna o di chi ci insegna. Dipende se vogliamo imparare o meno.

4753. Ognuno di noi ha una sua funzione unica, perché è diversa.

4754. Si deve diffidare di un intelletto ovvio: sente il bisogno di sembrare originale.

4755. Ai nostri pensieri segreti piace la reclusione della nostra intimità e dispiace di vedersi descritti, anche se in generale.

4756. Dall'abitudine alla noia il passo è assai breve.

4757. Si devono tanti sprazzi improvvisi di comprensione più alle intuizioni che alla logica.

4758. La base della perizia è l'imparare da una lunga esperienza.

4759. Si può agire coraggiosamente solo per paura di rivelare la nostra paura.

4760. Le "emozioni" intellettuali hanno tonalità tecniche. In genere, non emozionano, perché in realtà non sono emozioni, ma tentativi cerebrali di crearle a freddo.

4761. Quando uno vede chi ama, il viso si illumina dell'intima gioia.

4762. La nostra ansia spesso tenta di prevedere l'imprevedibile.

4763. Per taluni, lusingarsi sul proprio merito può essere una fonte di innocente felicità.

4764. Nell'anima umana, c'è posto per le più elevate virtù e per le più disprezzabili colpe.

4750.   The best appetizer is hunger.

4751.   One "interprets" in a personal way what one does not fully under-
        stand, either because it is not objectively clear or because it is not
        clear to him.

4752.   We resent those who do not teach us or those who do teach us. It
        depends on whether we want to learn or not.

4753.   Each one of us has a unique function, because each is different.

4754.   One should mistrust an obvious intellect: it feels the need to seem
        original.

4755.   Our secret thoughts like the seclusion of our intimacy and they do
        not like to see themselves described, even if in general.

4756.   From habit to boredom the step is rather short.

4757.   We owe many sudden flashes of comprehension more to intu-
        itions than to logic.

4758.   The basis for expertise is learning from a long experience.

4759.   We can act courageously only because of the fear of revealing our
        fear.

4760.   Intellectual "emotions" have technical tonalities. In general, they
        do not move because in reality they are not emotions but cerebral
        attempts to coolly create them.

4761.   When one sees the beloved, the face lights up with intimate joy.

4762.   Our anxiety often tries to foresee the unforeseeable.

4763.   For some, to flatter themselves about their merit may be a source
        of innocent happiness.

4764.   In the human soul, there is room for the loftiest virtues and the
        most despicable faults.

4765. C'è un limite a tutto, il limite della nostra tolleranza. Oltre il limite, non si può essere felici in nessuna maniera.

4766. È più attraente un pensiero bello di uno che è solo vero, per quanto i due non siano mutuamente esclusivi.

4767. A ciascuno di noi non dispiacerebbe di essere un poco di più. Quanto grande sia il "poco di più" lo stabilisce l'ambizione.

4768. L'immaginazione evoca il futuro e rievoca il passato.

4769. Le limitazioni dell'esattezza. Due più due fa esattamente quattro, ma nessuno se ne rallegra.

4770. Che rimarrebbe di noi senza le nostre emozioni? Praticamente nulla.

4771. La guerra è fatta di incomprensibili crudeltà imposte dalla Necessità. Ma vi sono anche non necessarie crudeltà criminali dovute alla crudeltà di criminali.

4772. Essere soggetti a ingiustizie e soprusi rende duri, amari e vendicativi.

4773. Si uccide tanto per amore che per odio. Probabilmente con la stessa frequenza.

4774. Per i fanatici, persino la religione diventa uno strumento di morte.

4775. Si possono condividere i nostri pensieri, ma un'obbligatoria intimità ci impedisce di condividere le nostre emozioni.

4776. Con la poesie si comunica emotivamente, ma le emozioni sono diverse per chi scrive e per ciascuno dei lettori. Di fatto, si condivide quello che è bello, ma non quello che si prova. Infatti, se una poesia non è bella, non si condivide nulla.

4777. Pensieri e sentimenti non possono essere migliori della mente che li concepisce.

4765. There is a limit to everything, the limit of our tolerance. Beyond that limit, one can not be happy no matter what.

4766. A beautiful thought is more attractive than one that is just true, although the two are not mutually exclusive.

4767. Each of us would not be displeased of being a little more. How much greater a "little more" might be is established by ambition.

4768. Imagination evokes the future and re-evokes the past.

4769. The limitations of exactness. Two plus two is exactly four, but nobody rejoices about that.

4770. What would be left of us without our emotions? Practically nothing.

4771. War is made of incomprehensible cruelties imposed by Necessity. However, there are also unnecessary criminal cruelties due to the cruelty of criminals.

4772. To be subjected to injustice and abuse makes people hard, bitter and revengeful.

4773. People kill either for love or for hatred. Probably, with the same frequency.

4774. For fanatics, even religion becomes an instrument of death.

4775. We can share our thoughts, but an obligatory intimacy prevents us from sharing our emotions.

4776. With poems one communicates emotionally, but the emotions are different for the writer and each of the readers. In fact, we share what is beautiful, but not what we feel. Indeed, if a poem is not beautiful, we share nothing.

4777. Thoughts and feelings can not be better than the mind that conceives them.

4778. La filosofia non è l'amore del conoscere, ma l'amore del capire, perché si conosce solo quello si capisce.

4779. Il desiderio per un oggetto lo rende interessante. Per questo, il valore delle cose varia dal momento che risiede solo nella loro desiderabilità da parte di ciascuno di noi.

4780. È impossibile essere sempre felici, perché non si desidera più con la stessa intensità di prima quello che si è ottenuto (per es., un anello di diamanti). Tuttavia, si diventerebbe infelici se lo si perdesse.

4781. Siamo più comprensivi verso quello che incontra l'approvazione dei nostri sentimenti.

4782. La baldanza richiede un certa base di euforia. La baldanza triste non esiste nemmeno nella letteratura.

4783. Ogni tanto si desidera non tanto una quiete indolente quanto una pausa di respiro.

4784. Si cessa di essere esigenti con gli altri quando si ci rende conto che è tempo perso. Con noi stessi, è bene andarci piano con la stessa conclusione.

4785. La bontà deve fare i conti con l'altrui mancanza di scrupoli.

4786. Siamo programmati dalla nostra natura.

4787. Variazioni dell'ignoranza. Spesso si vuol ignorare quello che si conosce, e si deduce da quello che si ignora.

4788. L'intuizione non è dissociata dalla logica. Talvolta, l'intuizione deduce istintivamente una verità da uno stimolo occasionale.

4789. Si è più felici quando si riesce a migliorare *inconsciamente* il rapporto tra quello che ci si crede di essere e quello che siamo. Ma se lo si fa consciamente, non ci si crede.

4790. La prudenza cerca di prevenire le imprevedibili sortite del caso.

4778. Philosophy is not the love of knowing, but the love of understanding, because we know only what we understand.

4779. The desire for an object makes it interesting. For this reason, the worth of things varies, since it only resides in their desirability on the part of each one of us.

4780. It is impossible to be always happy, because we do not desire any longer with the same previous intensity what we have obtained (for example, a diamond ring). Yet, we would become unhappy if we were to lose it.

4781. We are more understanding toward that which meets the approval of our feeling.

4782. Self-assurance requires a certain basis of euphoria. A sad self-assurance does not even exist in literature.

4783. Once in a while one cherishes not so much an indolent quiet as a pause of respite.

4784. One stops being exacting with others when one realizes that is a waste of time. With ourselves, it is wise not to reach the same conclusion too hastily.

4785. Good-heartedness has to reckon with the lack of scruples of others.

4786. We are programmed by our nature.

4787. Variations of ignorance. Often we want to ignore what we know and we deduce from what we ignore.

4788. Intuition is not dissociated from logic. Sometimes, an intuition deduces instinctively a truth from an occasional stimulus.

4789. We are happier when we succeed in improving *unconsciously* the ratio between what we believe to be and what we are. If we do that consciously, we do not believe it.

4790. Prudence seeks to prevent the unforeseeable sallies of chance.

4791. Alla poesia "aulica" non dispiacciono i fronzoli. Questo spiega perché non ha significato.

4792. Un aforisma non ha bisogno di una spiegazione, perché è una "spiegazione".

4793. L'ambizione di eccellere è assai più comune del necessario merito per soddisfarla.

4794. L'arte non è mai volgare, neanche quando rappresenta *artisticamente* la volgarità. Ma una volgarità non artistica è solo volgare.

4795. La vanità trova incomprensibile l'umiltà. Eppure, quando non è genuina, la seconda è una forma della prima.

4796. Il successo di taluni fa sì che tutti perdonino loro difetti assai più grandi di quelli che non perdoneremmo a nostri amici.

4797. L'amore non dà consigli, dà ordini.

4798. Un politico si preoccupa del verdetto delle prossime elezioni e lo statista di quello della storia.

4799. Per seguire le proprie convinzioni, prima bisogna averle.

4800. Le convinzioni e le azioni di uno statista sono basate sulla comprensione della storia.

4801. Quello che appartiene a tutti sembra non appartenere a nessuno, come se fra gli interessi di tutti non ci fossero anche i nostri.

4802. Non le cose fanno felici, ma quello che si sente. Per questo quello che fa felice uno può far infelice un altro. Inoltre, col passare del tempo la stessa cosa non ci fa più felici.

4803. Quando la fama aumenta e la creatività diminuisce, cominciano i fallimenti del successo.

4804. Un film o un romanzo ci fa emotivamente partecipi delle vicissitudini altrui, anche se sono interamente immaginarie.

4791. "Aulic" poetry does not dislike the frills. That is why it is so meaningless.

4792. An aphorism does not need an explanation, because it is an "explanation".

4793. The ambition to excel is much more common than the necessary merit to fulfill it.

4794. Art is never vulgar, not even when it represents *artistically* vulgarity. But a non-artistic vulgarity is only vulgar.

4795. Vanity finds humility incomprehensible. Yet, when it is not genuine, the latter is a form of the former.

4796. The success of some makes everybody pardon them much greater faults than those that we would not pardon to our friends.

4797. Love does not give advice, it givers orders.

4798. A politician is concerned about the verdict of the next elections and a statesman about that of history.

4799. To follow one's convictions, one must first have them.

4800. The convictions and the actions of a statesman are based on the comprehension of history.

4801. What belongs to all seems not to belong to anyone, as if among the interests of all there were not also ours.

4802. Not things make one happy, but what one feels. For this reason, what makes one happy may make another unhappy. Furthermore, with time the same thing does not make us happy any longer.

4803. When fame increases and creativity decreases, the failures of success begin.

4804. A film or a novel makes us share emotionally the vicissitudes of others, even if they are entirely imaginary.

4805. L'arroganza di taluni deriva dalla coscienza dei loro numerosi difetti (si cerca di diminuirli in tal maniera), o semplicemente è un altro difetto.

4806. Per assicurare la continuità della specie contro l'egoismo individuale, è stato necessario fare l'istinto sessuale ossessivo e l'amore irresistibile.

4807. Si può essere arroganti perché non si è sicuri di sé o perché la nostra piccolezza è sorpresa da un nostro merito specifico.

4808. La perfezione può essere solo un'aspirazione irrealizzabile. Una perfezione generale distruggerebbe la natura umana.

4809. Lamentarsi può essere necessario anche quando è fine a se stesso. In tal caso, è solo uno sfogo, che però può diventare un'abitudine.

4810. In ultima analisi, è necessario essere se stessi se vogliamo essere genuini. Ma non si deve intendere "essere se stessi" come una *passiva* accettazione di tutto quello che siamo. Essere se stesso vuol dire *divenire* quello a cui i doni ricevuti dalla natura ci obbligano. Altrimenti, non ci si ama abbastanza.

4811. Si è se stessi anche quando si vuol essere differenti, perché così è la nostra natura.

4812. Se non altro, la rassegnazione diminuisce l'amarezza degli insuccessi servendosi dell'indifferenza dell'abitudine.

4813. La disperazione è l'orfana infelice della speranza.

4814. Quando ci si loda, gli altri automaticamente pensano ai nostri difetti.

4815. Siamo liberi di fare quello che ci è stato permesso di fare.

4816. La moralità non è imposta dalle religioni, ma dall'istinto. Le religioni la codificano secondo le loro credenze, ma si può essere morali anche senza religione e immorali nonostante la religione.

4805. The arrogance of some derives from their awareness of their many faults (one tries to diminish them in that way), or simply it is another fault.

4806. To insure the continuity of the species against the individual egoism, it has been necessary to make the sexual instinct obsessive and love irresistible.

4807. We can be arrogant because we are not sure of ourselves or because our pettiness is surprised by a specific merit of our own.

4808. Perfection can only be an unrealized aspiration. A general perfection would destroy human nature.

4809. To complain may be necessary even when it is an end to itself. In such a case it is merely giving vent, which however may become a habit.

4810. In the last analysis, it is necessary to be ourselves if we want to be genuine. But one must not understand "to be one self" as the *passive* acceptance of everything that we are. To be oneself means to *become* what the gifts received from nature oblige us. Otherwise, we do not love ourselves enough.

4811. One is oneself even when one wants to be different, because so is one's nature.

4812. If nothing else, resignation diminishes the bitterness of failures by using the indifference of habit.

4813. Despair is the unhappy orphan of hope.

4814. When we praise ourselves, others automatically think of our faults.

4815. We are free to do what we have been allowed to do.

4816. Morality is not imposed by religions, but by instinct. Religions codify morality according to their beliefs, but one can be moral even without religion and immoral notwithstanding religion.

4817. Se vogliamo essere sedotti, non si teme l'attrazione altrui e si approva la nostra arrendevolezza.

4818. Alcuni vedono il pentimento come un segno di debolezza della loro coscienza.

4819. Il riconoscere una musica che ci piace ci fa sentire un'intimità personale, perché quella musica appartiene alle nostre emozioni.

4820. Si accetta in chi si ama quello che non si tollererebbe in un amico intimo.

4821. Ad un artista si perdona tutto eccetto la bruttezza nelle sue creazioni, vale a dire, di non essere un artista.

4822. Il piacere che dà la bellezza è duraturo perché si rinnova nelle successive generazioni attraverso i secoli.

4823. L'invidia non è curata nemmeno aumentando i propri meriti. Si curerebbe cambiando la propria genetica (se fosse possibile).

4824. Nell'intimità della tristezza c'è posto per un sorriso melanconico, ma non per le risate insulse.

4825. Non si è invidiosi per scelta, ma per natura, come per tutti gli altri meriti e demeriti.

4826. La muta bellezza dei fiori ha una sua musica fatta di luce, ombre, forme, colori, effluvi e dell'ondeggiare nella brezza.

4827. I santi distillano la loro spiritualità macerando quello che è corporeo.

4828 Certo dobbiamo vivere pienamente la nostra vita secondo la nostra umanità. Ma per farlo non si richiede la ribellione o l'indifferenza verso Dio.

4829. La sofferenza raffina la sensibilità e la sensibilità raffina la sofferenza, facendola più delicata. Di un tormento imposto, ne fa un'emozione intima.

4817. If we want to be seduced, we are not afraid of the attraction of another and we approve of our compliance.

4818. Some look at repentance as a sign of weakness of their conscience.

4819. Recognizing music that we like makes us feel a personal intimacy, because that music belongs to our emotions.

4820. We accept in the beloved what we would not tolerate in a close friend.

4821. To an artist, we pardon everything except ugliness in his creations, that is to say, not being an artist.

4822. The pleasure given by beauty is lasting because it renews itself in successive generations through the centuries.

4823. Envy is not cured even by increasing one's own merits. It could be cured by changing one's genetic setup (if it were possible).

4824. In the intimacy of sadness there is room for a melancholic smile, but not for silly laughs.

4825. One is envious not by choice, but by nature, like for all the other merits and demerits.

4826. The mute beauty of the flowers has its own music made of light, shadows, forms, colors, scents and of the waving in the breeze.

4827. Saints distill their spirituality by macerating that which is corporeal.

4828. Certainly we must fully live our life according to our humanity. But doing that does not require rebellion or indifference toward God.

4829. Suffering refines sensibility and sensibility refines suffering making it more delicate. Of an imposed torment, it makes an intimate emotion.

4830. Chi si crede di essere un genio in genere è il solo a crederlo.

4831. L'eleganza delle dune risiede nelle bionde superfici lisce, nei contorni puri e nelle ombre nette. Vi è un'attraente essenzialità estetica.

4832. Non ci si può permettere di essere modesti quando non si hanno meriti. La modestia sarebbe presa anche troppo sul serio.

4833. Si dubita spesso della validità delle critiche che gli altri ci fanno, ma mai si dubita delle lodi che ci accordano.

4834. Chi si picca di essere eccentrico, si offende se lo considerano una persona normale o persino una brava persona.

4835. Le lodi insincere non offendono. All'adulazione, la compiacenza risponde ridendo soddisfatta o con un diniego pro forma.

4836. La dinamica della mente è suscettibile di analisi, perché è condivisa da tutti (con variazioni qualitative and quantitative).

4837. Si adula non una persona, ma la sua vanità. Per questa ragione, l'adulazione è particolarmente efficace con chi è vanitoso. Vale a dire, con quasi tutti.

4838. Quando la volgarità entra in un poema, la poesia ne esce.

4839. I nostri difetti dovrebbero essere una salda diga che contiene il turgido lago della nostra arroganza.

4840. Di per se stessa, la sensualità ha la "delicatezza" dei gatti in calore.

4841. Le domande degli studenti non sono mai stupide (la loro ignoranza vuole imparare), ma lo stesso non si può dire sempre delle risposte dell'insegnante (che richiedono competenza).

4842. La verità non è mai definitiva, perché c'è sempre uno strato più profondo. Ci si ferma allo strato al quale si ferma la nostra profondità.

4830. The one who believes to be a genius in general is the only one to believe it.

4831. The elegance of the dunes resides in their blond smooth surfaces, pure contours and sharp shadows. There is an attractive aesthetic essentiality.

4832. We can not afford to be modest when we do not have merits. Modesty would be taken even too seriously.

4833. We often doubt the validity of the criticism on the part of others, but we never doubt the praise that they bestow on us.

4834. The one who prides himself on being eccentric takes offense at being considered a normal person or even a good person.

4835. Insincere praise does not offend. To adulation, complacency responds by laughing in a satisfied manner or with unmeant denial.

4836. The dynamics of the mind is amenable to analysis, because it is shared by all (with due qualitative and quantitative variations).

4837. One flatters not a person, but his vanity. For this reason, adulation is most effective with those who are vain. That is to say, with almost everyone.

4838. When vulgarity enters a poem, poetry gets out of it.

4839. Our faults should be a firm dam that contains the turgid lake of our arrogance.

4840. In itself, sensuality has the "delicateness" of cats on heat.

4841. The questions of students are never stupid (their ignorance wants to learn), but the same can not always be said of the answers of the teacher (which require competence).

4842. Truth is never definitive, because there is always a deeper layer. We stop at that layer at which our depth stops.

4843. In certe allegorie su argomenti scabrosi, qualche scrittore si esprime in tal maniera da far intuire quello che ufficialmente non dice. I lettori possono trarre le loro conclusioni, ma il ricamo di ambiguità non fornisce prove per una conclusione certa.

4844. Letteralmente, l'amore non intende ragione.

4845. In certe autobiografie, la disonestà tenta di diventare "un'onestà" *letteraria* esprimendosi con finezza ed eleganza.

4846. Qualcuno si ribella alla religione e crede di ribellarsi a Dio.

4847. Non si può disprezzare la sensibilità solo perché noi ne abbiamo poca.

4848. Dove la furbizia ha una tattica, l'abilità ha una strategia.

4849. La differenza tra furbizia e abilità la fa l'intelligenza. Ma anche dell'intelligenza c'è da fidarsi fino ad un certo punto a causa della sua poca praticità (come dimostrano i suoi numerosi errori).

4850. Il caso è un componente essenziale della fortuna. Nessuno dei due può essere determinato, previsto, pianificato o sottomesso.

4851. Se uno non è egoista solo perché non è nel suo interesse a lunga scadenza, per lo meno non è così uno stupido.

4852. L'amore verso Dio è l'unica maniera con cui ci si può avvicinare alla sua grandezza.

4853. Per fare dello spirito, qualcuno dice delle cose non vere, come se le cose vere non potessero essere spiritose.

4854. Di tante cose si apprezza prima di tutto il profumo. Per esempio, del caffè espresso la mattina, dei fiori durante il giorno, del vino a pranzo e di una signora elegante ad un ricevimento di sera.

4855. L'eleganza è l'arte di vestirsi e il suo strumento è il buon gusto.

4856. Il silenzio salva la sincerità dal peccare e dalle trappole altrui.

4843. In certain allegories on scabrous matters, some writers express themselves in a way that makes people sense what they officially do not state. Readers can draw conclusions, but the embroidery of ambiguity provides no proof for any firm conclusion.

4844. Literally, love does not listen to reason.

4845. In some autobiographies, dishonesty tries to become a *literary* "honesty" by expressing itself with finesse and elegance.

4846. Some rebel against religion and believe to rebel against God.

4847. We can not despise sensibility just because we have little of it.

4848. Where shrewdness has a tactic, ability has a strategy.

4849. The difference between shrewdness and ability is made by intelligence. But even intelligence can be trusted up to a point because of its little practicality (as its many mistakes show).

4850. Chance is an essential component of luck. Neither one can be determined, foreseen, planned or mastered.

4851. If one is not an egoist only because it is not in one's long term interests, at least one is not so stupid.

4852. Love toward God is the only way with which we can approach his greatness.

4853. To be witty, some say things that are not true, as if true things could not be witty.

4854. Of many things one appreciates first of all the scent. For example, of espresso in the morning, of flowers during the day, of wine at dinner and of an elegant lady at an evening party.

4855. Elegance is the art of dressing and its instrument is good taste.

4856. Silence saves sincerity from sinning and from others' snares.

4857. Ci si può pentire solo quando fa comodo.

4858 La bestia dentro di noi vede gli ideali come aguzzini.

4859. Le offese offendono di più non tanto quando sono giustificate, ma quando non si curano di essere diplomatiche.

4860. Si protesta contro la sorte quando non ci favorevole, e si dimentica di ringraziarla quanto è favorevole.

4861. Un nemico genuino è meno pericoloso di un amico falso.

4862. Il tradimento è più efficace quanto più è inaspettato.

4863. Si accetta da un amico quello che ci offenderebbe se detto da un nemico. Si assume che le intenzioni del primo siano di cercare il nostro vantaggio e del secondo il nostro svantaggio.

4864. Si accetta sempre come sensato il consiglio di fare quello che comunque volevamo fare.

4865. Per essere se stessi, bisogna accettare tutte le nostre componenti.

4866. L'ottimismo è esposto alle delusioni, ma il pessimismo non ha neanche il beneficio delle illusioni.

4867. L'ingenuità ha una fresca innocenza, a cui bisogna offrire un sorriso di simpatia.

4868. Per realizzare le nostre aspirazioni, bisogna vederle come scopi concreti e non come piacevoli sogni.

4869. La nostra certezza potrebbe essere solo dovuta alla mancanza di un'analisi critica e dei conseguenti necessari dubbi.

4870. Forse, si sbaglia più spesso quando si è completamente sicuri di sé.

4871. In una poesia, non si possono esprimere con bellezza emozioni che non si provano.

4857. We may repent only when it is convenient.

4858. The beast within us sees ideals as tormentors.

4859. An offense offends more not so much when it is justified, but when it does not care about being diplomatic.

4860. We protest against fortune when it is not favorable to us and we forget to thank it when it is favorable.

4861. A genuine enemy is less dangerous than a false friend.

4862. Treachery is more effective when it is most unexpected.

4863. We accept from a friend what would be offensive if said by an enemy. We assume that the intentions of the former are to seek our advantage and of the latter our disadvantage.

4864. We always accept as sensible the advice of doing what we meant to do anyway.

4865. To be ourselves, we must accept all our components.

4866. Optimism is exposed to disillusions, but pessimism does not even have the benefit of illusions.

4867. Candor has a fresh innocence, to which one must offer a smile of sympathy.

4868. To realize our aspirations, one must see them as concrete goals and not as pleasant dreams.

4869. Our certainty could be due only to our lack of a critical analysis and of consequent necessary doubts.

4870. Maybe, one is mistaken more often when one is completely self-assured.

4871. In a poem, one can not express with beauty emotions that one does not feel.

4872. L'ambizione è più efficace della sveglia per alzarsi dal letto la mattina.

4873. Il potere dell'attenzione: senza farvi attenzione, è possibile persino ascoltare una musica senza sentirla.

4874. I pensieri cristallizzano in un concetto il materiale che era disponibile nel guazzabuglio dell'esperienza.

4875. Per farsi dei nemici basta essere sgarbati. La rozzezza dà l'impressione sbagliata di ritenere la gente così poco importante da non sentire il bisogno di essere cortesi or persino ipocriti.

4876. Un bel motivo musicale che si ripete introduce un ritmo di danza nel fluire dell'attività mentale.

4877. Senza l'ispirazione, si vede ma non si sente per il mancare di una risposta emotiva.

4878. Si può scrivere con stile ma senza slancio, elegantemente ma freddamente, con il cervello ma senza emozioni.

4879. I pensieri affondano le loro radici nelle riflessioni dell'esperienza e i sentimenti nell'humus della vita.

4880. La scienza è uno strumento potente con cui si rivela l'opera di Dio in quanto le sue affermazioni sulle meraviglie della natura sono basate su prove sperimentali.

4881. Quello che si aspetta da noi è soprattutto un onesto giorno di lavoro.

4882. Il problema della durezza è che, non avendo né tenerezza né delicatezza, spesso è rozza.

4883. L'ispirazione permette alle falde nascoste della creatività di sgorgare in sorgenti di bellezza.

4884. Il conformismo snaturerebbe la creatività se non fosse per il fatto che prospera quando l'originalità non c'è.

4872. Ambition is more effective than the alarm clock to get people out of bed in the morning.

4873. The power of attention: without paying attention, it is possible to even hear music without listening to it.

4874. Thoughts crystallize in a concept the material that was available in the medley of experience.

4875. To make enemies it is sufficient to be rude. Coarseness gives the wrong impression of considering people so unimportant as to not feel the need to be courteous or even hypocritical.

4876. A beautiful musical motif that repeats itself introduces a rhythm of dance in the flow of the activity of the mind.

4877. Without inspiration, one sees but does not feel for the lack of an emotional response.

4878. One can write with style but without élan, elegantly but coldly, with the brain but without emotions.

4879. Thoughts dip their roots in the reflections of experience and feelings in the humus of life.

4880. Science is a powerful tool by means of which the works of God are revealed, because its assertions on the marvel of nature are based on experimental proof.

4881. What is expected of us is mostly an honest day of work.

4882. The problem with hardness is that, having neither tenderness nor delicateness, often it is coarse.

4883. Inspiration allows hidden layers of creativity to gush out in springs of beauty.

4884. Conformism would pervert creativity if it were not for the fact that it prospers when there is no originality.

4885. Quello che è originale è il frutto della creazione, non di una posa.

4886. Secondo le diverse culture, ci si vergogna di esternare o di non esternare le proprie emozioni, indipendentemente dal fatto che possa non esserci nulla da vergognarsi delle emozioni che siano espresse o meno.

4887. Si è *troppo* seri se si prende tutto sul serio, nonostante il fatto che non tutto lo è (né dovrebbe esserlo).

4888. Una rozzezza senza educazione è percepita non solo da quello che viene detto, ma anche da *come* viene detto.

4889. Osservando tutto si acquisisce l'esperienza necessaria per decidere quello che non merita prendere in considerazione.

4890. La demagogia è "l'arte" di piacere al minimo denominatore comune di una folla.

4891. La filosofia ha rigore logico, ma non scientifico. La scienza ha rigore sperimentale, che le impedisce di dedurre logicamente le inevitabili estrapolazioni filosofiche e i loro significati.

4892. L'obiettività è irritante quando si schiera contro le nostre voglie, desideri, convinzioni, credenze, interessi o opinioni.

4893. La gamma delle menti va da quelle che attribuiscono tutto a Dio a quelle che ne negano persino l'esistenza.

4894. Per negare l'esistenza di Dio bisognerebbe negare non solo quello che si vede, ma addirittura la nostra mente e la sua logica.

4895. Non è facile essere atei. Dubbi ricorrenti e insuperabili impediscono la negazione assoluta dell'esistenza di Dio, creatore dell'Universo. Qualcuno ripiega sulla negazione del Dio rivelato delle varie religioni.

4896. Nelle grandi civiltà, le grandi conquiste della mente umana sono state sempre associate ad un profondo istinto religioso, perché anche quest'ultimo appartiene alla genetica della mente.

4885. What is original is the result of creation, not of a pose.

4886. According to different cultures, people are ashamed of displaying or of not displaying their emotions, independently of the fact that there may be nothing to be ashamed of the emotions whether displayed or not.

4887. One is *too* serious if one takes everything seriously, in spite of the fact that not everything is so (nor should it be).

4888. An uneducated coarseness is perceived not only from what is said but also from *how* it is said.

4889. By observing everything one acquires the experience necessary to decide what is not worth considering.

4890. Demagogy is the "art" of pleasing the lowest common denominator of a crowd.

4891. Philosophy has logical rigor, but not scientific rigor. Science has experimental rigor that forbids it to deduce logically the inevitable philosophical extrapolations and their meanings.

4892. Objectivity is irritating when it stands against our whims, desires, convictions, beliefs, interests or opinions.

4893. The range of the minds goes from those who attribute everything to God to those who deny his very existence.

4894. To deny the existence of God one should deny not only what one sees, but our very mind and its logic.

4895. It is not easy to be an atheist. Tenacious recurrent doubts prevent the absolute denial of the existence of God, creator of the Universe. It is much easier to fall back on the denial of the God revealed by the various religions.

4896. In the great civilizations, the great conquests of the human mind have always been associated with a deep religious instinct, because also the latter belongs to the genetics of the mind.

4897. Se non abbiamo validi argomenti contro le convinzioni che non condividiamo, come ultimo ricorso, ci si arrabbia.

4898. I dubbi fanno riflettere quando non fanno diventare solo incerti e nervosi.

4899. Il brio è l'euforia di parole eleganti, anche se talvolta esagera.

4900. L'amore di sé è quello che si deve a se stessi (e indirettamente agli altri), dal momento che solo noi si può sviluppare le nostre risorse. Invece, l'egoismo persegue il proprio interesse anche se comporta l'indifferenza verso gli altri o addirittura il loro danno.

4901. È tipico dell'ignoranza di ridere delle verità che le sembrano improbabili. Non si cura di verificarle, perché questo la diminuirebbe.

4902. Per aver successo, un cattivo artista può sempre sperare nel cattivo gusto altrui, quello stesso cattivo gusto che un buon artista teme.

4903. Dei vari aspetti della realtà, la nostra disposizione naturale seleziona quello che più l'aggrada. Di qui, lodi o critiche.

4904 L'arroganza non si addice a nessuno, grande o piccolo.

4905. All'indolenza non importa nulla, eccetto il non far nulla.

4906. Nell'arte, una tecnica perfetta, da sola, lascia freddi.

4907. Una forte volontà può diventare peggiore di una prigione, aspirando ad irreggimentare le varie componenti dell'Io sotto la sua dittatura.

4908. La delicatezza è piacevole come il gentile fruscio delle foglie alla brezza di un pomeriggio d'estate.

4909. Quello che noi si esprime ci esprime.

4910. La premura prima agisce e poi è costretta a riflettere.

4897. If we do not have valid arguments against the convictions that we do not share, as a last resort, we fly into a temper.

4898. Doubts make one reflect when they do not make one become only uncertain and irritable.

4899. Brio is the euphoria of elegant words, even if sometimes it exaggerates.

4900. Love of our Self is what we owe to ourselves (and indirectly to others), since only we can develop our own resources. Instead, egoism pursues its own interest also if it involves indifference toward others or even it damages them.

4901. It is typical of ignorance to laugh at the truths that seem to it improbable. It does not care to verify them, because this would diminish it.

4902. In order to succeed, a bad artist can always rely on the bad taste of others, that same bad taste that a good artist fears.

4903. Of the various aspects of reality, our natural inclination selects what it likes. Hence, praise or criticism.

4904. Arrogance is not becoming to anybody, great or small.

4905. Indolence does not care about anything, except doing nothing.

4906. In the arts, a perfect technique, if alone, leaves one cold.

4907. A strong will can become worse than a prison, wishing to regiment the various components of the Self under its dictatorship.

4908. Delicateness is pleasing like the gentle rustle of the leaves in the breeze of a summer afternoon.

4909. What we express expresses us.

4910. Eagerness first acts and then is forced to reflect.

4911. L'amore sarebbe meno intenso e ardente se non facesse anche soffrire.

4912. Quando dico "noi" intendo dire "noi", ma non includo necessariamente tu od io ogni volta.

4913. I primi *doveri* dell'anima sono verso se stessa. Come potrebbe essere altrimenti?

4914. Da un punto di vista artistico, la volgarità di un personaggio deve riflettere le necessità dell'arte (la rappresentazione di un personaggio volgare) e non la volgarità dell'autore.

4915. La coerenza formale ci fa prevedibili. Coerenti bisogna essere ma funzionalmente, non meccanicamente.

4916. In tutti i campi, l'etichetta non dovrebbe essere molto meglio del contenuto (o l'apparenza meglio della sostanza).

4917. Il caso crea molta più varietà della creatività, ma non della stessa qualità.

4918. L'oggetto di una passione non è mai insignificante per quella passione.

4919. Per la loro natura, le verità sono eterne e immutabili, incluse quelle che non piacciono.

4920. Il caso confida nella statistica per definire il suo modo d'agire.

4921. Una persona debole si offende facilmente e per cose banali.

4922. Che altri verifichino l'accuratezza di quello che viene detto o fatto non piace a chi si sbaglia spesso.

4923. La mitologia dei Greci era così sviluppata come la loro filosofia, perché tutte e due erano l'espressione della creatività della loro mente sia nella sfera della fantasia che della logica.

4924. Talvolta, anche in una musica molto bella vi è una venatura di malinconia, la malinconia dell'irraggiungibile.

4911. Love would be less intense and ardent if it did not make one also suffer.

4912. When I say "we", I mean "we", but I do not necessarily include you or me every time.

4913. The first *duty* of the soul is toward itself. How could it be otherwise?

4914. From an artistic point of view, vulgarity of a character must reflect the necessities of art (the depiction of a vulgar character) and not the vulgarity of the author.

4915. A formal coherence makes us predictable. Coherent must we be, but functionally, not mechanically.

4916. In all fields, labels should not be much better than the content (or the appearance better than the substance).

4917. Chance creates more variety than creativity, but not of the same quality.

4918. The object of a passion is never insignificant for that passion.

4919. By their nature, truths are eternal and immutable, even those that we do not like.

4920. Chance confides in statistics to define its way of acting.

4921. A weak person is easily offended and for trivial matters.

4922. That others should check the accuracy of what is said or done does not please those who are frequently wrong.

4923. The mythology of the Greeks was as developed as their philosophy, because both were the expression of the creativity of their mind both in the fantastic and in the logical domains.

4924. Sometimes, also in the most beautiful music there is a streak of melancholy, the melancholy of the unattainable.

4925. Quello che è convenzionale non ci rende automaticamente più piccoli e quello che è non-convenzionale non ci rende automaticamente più grandi.

4926. Un ribelle tende ad essere visto con un'aureola di coraggio che si nega a chi fa il suo dovere, per quanto il primo possa essere uno sprovveduto ed il secondo una persona rispettabilissima.

4927. Le variazioni della natura umana sono tante che alcune fanno ridere e altre fanno piangere.

4928. L'imbroglio più competente è quello che non si sospetta nemmeno.

4929. Una persona meschina non sospetta nemmeno quanto sarebbe importante non esserlo.

4930. L'anima di un artista sopravvive nelle emozioni delle sue opere.

4931. Qualcuno nasconde le sue emozioni come se si vergognasse della sua umanità.

4932. La reputazione di un'opera dipende da quello che dice, non da quello che se ne dice.

4933. Per fare della poesia, la bellezza bisogna averla dentro.

4934. La normalità non è approvata da chi è anormale, specialmente se si crede supernormale.

4935. Le aspirazioni definiscono quello che siamo e quello che non siamo.

4936. Nel brio, c'è l'esultanza di essere brillanti o di crederselo.

4937. Non è possibile fare quello che decisamente riteniamo impossibile. Infatti, non ci si prova nemmeno.

4938. Non possiamo essere provinciali e parlare un linguaggio universale. In realtà, artisticamente si parla solo il dialetto locale.

4925. What is conventional does not automatically make us smaller and what is unconventional does not make us automatically greater.

4926. A rebel tends to be seen with a halo of courage that is denied to those who do their duty, although the former may be a fool and the latter most respectable persons.

4927. The variations of human nature are so many that some make one laugh and others make one cry.

4928. The most competent swindle is the one that is not even suspected.

4929. A petty person does not even suspect how important it would be not to be so.

4930. The soul of an artist survives in the emotions of his works.

4931. Some hide their emotions as if they were ashamed of their humanity.

4932. The reputation of a work depends on what it says, not on what it is said of it.

4933. To write poetry, beauty must be within us.

4934. Normality is not appreciated by those who are abnormal, especially if they believe to be supernormal.

4935. Aspirations define what we are and what we are not.

4936. In brio, there is the exultation of being brilliant or of believing to be so.

4937. It is not possible to do what we firmly believe to be impossible. In fact, we do not even try to do it.

4938. We can not be provincial and speak a universal language. In actuality, artistically we speak only the local dialect.

4939. I pensieri sono il linguaggio del cervello. Pertanto, sono soggetti agli errori di ortografia e di sintassi della logica.

4940. I raggi luminosi del sole che sorge aprono il nuovo giorno con fasci di speranza.

4941. Un sonno tranquillo è un'oasi di pace. Sogni piacevoli carezzano la brezza dei nostri capricci.

4942. La concorrenza perderebbe di incisività se non fosse per l'invidia dei successi altrui.

4943. L'invidia rende insoddisfatti di se stessi e ne dà la colpa agli altri.

4944. Bisognerebbe dimostrare un minimo di gratitudine imparando quello che ci insegnano.

4945. Certi pensieri altrui ci chiariscono i nostri.

4946. La logica non potrebbe dedurre se non esistessero relazioni di causa ed effetto.

4947. Bisogna essere abbastanza pratici da nutrire solo l'invidia che possiamo permetterci.

4948. L'idealismo si rifiuta di conformarsi ad una realtà che gli è inferiore. Questo richiede un gran coraggio o altrettanta incoscienza.

4949. La diversità può comportare una reciproca attrazione o una reciproca repulsione. Molto dipende da cosa ci fa diversi.

4950. La moda ha uno sviluppo orizzontale, mentre la filosofia ha uno sviluppo verticale. Questo perché la creatività della moda segue i capricci del gusto, mentre le analisi della filosofia costruiscono progressivamente su quello che è stato già acquisito.

4951. È interessante quello che sorprende piacevolmente la nostra mente.

4939. Thoughts are the language of the brain. Therefore, they are subject to the errors of orthography and syntax of logic.

4940. The luminous rays of the rising sun open the new day with bundles of hope.

4941. A tranquil sleep is an oasis of peace. Pleasant dreams caress the breeze of our whims.

4942. Competition would loose its incisiveness if it were not for the envy of the success of others.

4943. Envy makes one unsatisfied with one self and blames others for it.

4944. We should show a minimum of gratitude by learning what others teach us.

4945. Some thoughts of others clarify ours.

4946. Logic could not deduce if there were no relations of cause and effect.

4947. One must be practical enough as to entertain only the envy that one can afford to have.

4948. Idealism refuses to conform to a reality that is inferior to it. This requires a great courage or as much recklessness.

4949. Diversity may involve a reciprocal attraction or a reciprocal repulsion. Much depends on what makes us different.

4950. Fashion has a horizontal development, whereas philosophy has a vertical development. This because the creativity of fashion follows the whims of taste, whereas the analyses of philosophy build progressively on what it has been already acquired.

4951. What is interesting pleasantly surprises our mind.

4952. Non è l'invidia che bisogna temere (stimola qualcuno a fare di più), ma la sua miopia.

4953. Imparare richiede uno sforzo e pertanto stanca. Di qui la necessità dell'*arte* di insegnare, che consiste nell'eccitare il desiderio e l'interesse di imparare.

4954. Imparare struttura e aggiorna la nostra mente. Nuove cognizioni e concetti devono essere fusi con quello che è già nella mente, modificandola e facendola crescere.

4955. Ci si può confondere anche per essere esposti a troppe verità, specialmente se non se ne vede la relazione.

4956. Quando la felicità elude, la malinconia regna.

4957. Non si può esprimere più di quello che si sente. A meno che uno sia un poeta... Un poeta "professionale".

4958. Non si è disturbati dall'essere "comuni" quando si è comuni.

4959. Da sola, l'intelligenza tende ad essere arida e anche piena di sé.

4960. Al contrario delle bugie, la verità non ci permette di scegliere: si deve crederla anche quando non ci piace.

4961. La poesia consiste nel trasformare la meraviglia di quello che si sente dentro nella seduzione di quello che si esprime fuori.

4962. Esistono anche le cicatrici dello spirito. Anche se non sono visibili, sono persistenti.

4963. Se usiamo l'astuzia per dare un'impressione migliore di quello che in realtà siamo, quando poi ci vengono a conoscere, si sentono offesi dall'essere stati indotti in errore e, per reazione, ci considerano meno di quello che siamo.

4964. L'agitarsi delle passioni umane è uno spettacolo reso affascinante per essere recitato dagli attori più diversi che interpretano le parti più diverse.

4952. It is not envy that we should be afraid of (it stimulates some to do more), but of its myopia.

4953. To learn requires effort and therefore it tires. Hence, the necessity of the *art* of teaching, which consists in exciting the desire and the interest to learn.

4954. Learning structures and updates our mind. New notions and concepts must be interwoven with what is already in the mind, modifying the latter and making it grow.

4955. One can become confused also by being exposed to too many truths, especially if one can not see their relation.

4956. When happiness eludes, melancholy reigns.

4957. One can not express more than what one feels. Unless one is a poet... A "professional" poet.

4958. One is not disturbed by being "common" when one is common.

4959. By itself, intelligence tends to be arid and also conceited.

4960. Contrary to lies, truth does not allow us to choose: we must believe it even when we do not like it.

4961. Poetry consists in transforming the marvel of what one feels within into the seduction of what is expressed without.

4962. There are also the scars of the spirit. Even if they are not visible, they are persistent.

4963. If we use cunning to give a better impression than what in reality we are, when then they come to know us, they feel offended by having been misled and, as a reaction, they consider us less than what we are.

4964. The stirring of human passions is a spectacle made fascinating by being performed by the most diverse actors who interpret the most diverse roles.

4965. I conflitti di interesse destano sentimenti di reciproco antagonismo. Nei processi criminali, per salvarsi, i complici si accusano reciprocamente dello stesso misfatto, anche se prima erano amici o addirittura amanti.

4966. La bellezza non deve convincere: si contenta di vincere.

4967. Nella storia vince chi è più forte e più abile e non necessariamente chi è più giusto.

4968. Nell'ortografia della vita, la morte è l'ultimo punto fermo.

4969. Quello che sopravvive non sarà mai apprezzato esattamente nella stessa maniera da menti differenti in epoche differenti.

4970. Se non si potesse fare affidamento sulla costanza delle leggi di natura, sarebbe impossibile condurre un'attività normale.

4971. La storia non ammette ipotesi alternative perché quello che effettivamente è accaduto non glielo permette. Le alternative sono solo futili speculazioni personali.

4972. Ci sono temi musicali che si impadroniscono non del nostro gusto, ma della nostra anima. Fanno sentire una gioia ineffabile.

4973. Alla bellezza non si resiste, né si vuole resistere.

4974. La giustizia è un ideale che spesso è troppo elevato per essere sempre raggiunto da tutti. Questo include certi giudici.

4975. Dalla natura umana, non è possibile sradicare il male, ma neanche il bene. In ambedue i casi, la nostra natura cesserebbe di essere umana.

4976. La tristezza è meno triste quando è delicata.

4977. Un poeta professionale è un tecnico della poesia che usa le rime per esprimere quello che non sente.

4978. Bisogna essere tenaci, ma non nel male.

4965. Conflicts of interests awake feelings of reciprocal antagonism. In criminal trials, in order to save themselves, the accomplices accuse each other of the same crime, even if before they were friends or even lovers.

4966. Beauty does not have to convince: it settles with winning.

4967. In history, the one who is stronger and cleverer wins and not necessarily the one who is just.

4968. In the orthography of life, death is the last full stop.

4969. What survives will never be appreciated exactly in the same way by different minds in different ages.

4970. If we could not trust the constancy of the laws of nature, it would be impossible to operate normally.

4971. History does not admit alternative hypotheses because what actually happened does not permit it. The alternatives are only futile personal speculations.

4972. There are musical themes that master not our taste, but our soul. They make us feel an ineffable joy.

4973. To beauty we do not resist, nor do we want to resist.

4974. Justice is an ideal that often is too lofty to be always attained by everybody. This includes some judges.

4975. From human nature, it is not possible to eradicate evil, but neither what is good. In both instances, our nature would cease to be human.

4976. Sadness is less sad when it is delicate.

4977. A professional poet is a technician of poetry who uses rhymes to express what he does not feel.

4978. One should be tenacious, but not in evil.

4979. Senza la filosofia, si vivrebbe la vita senza analizzarla. Ma senza l'immediatezza delle vicissitudini quotidiane, si analizzerebbe la vita senza viverla.

4980. Quando uno è egoista, non si sente mai amato abbastanza.

4981. La polizia riflette la necessità di una disciplina sociale. Per questo, può non piacere neanche a quelli che non sono criminali.

4982. Il concetto di bene e di male esisteva prima delle religioni rivelate perché questi sono convinzioni che derivano dalla struttura genetica. Le varie religioni modificano la concezione del bene e del male sulla base delle loro credenze.

4983. L'amoralità è un difetto genetico che non vede il bene e il male come il daltonismo non vede il colore rosso.

4984. Non è la mancanza di senso di colpa che rende morali.

4985. Il disprezzo è spesso la retribuzione dell'invidia. Ma non è giusto perché l'invidia è una sfortuna, non una libera scelta.

4986. Dio ha creato infinite forme di bellezza con la fertilità della divinità e ci ha dato la sensibilità per poterle apprezzare.

4987. Istintivamente, si diffida dei meriti altrui. Si sospetta che una buona parte sia da attribuire alla loro vanità.

4988. I pensieri possono evocare fremiti emotivi solo quando risultano da una passione.

4989. Un amore che calcola vale quanto un'equazione che sogna.

4990. La creatività di Dio è ancora più straordinaria della sua onnipotenza.

4991. Non si ragiona con chi non ragiona.

4992. Alcuni si sorprendono del fatto che amare una persona richieda assai di più del dire solo: "Ti amo".

4979. Without philosophy, we would live our life without analyzing it. But without the immediacy of daily vicissitudes, we would analyze life without living it.

4980. When one is an egoist, one never feels loved enough.

4981. Police reflect the necessity of social discipline. For this reason, it may displease also those who are not criminals.

4982. The concept of good and evil existed prior to revealed religions, because they are convictions that derive from genetic structure. The various religions modify the conception of good and evil according to their beliefs.

4983. Amorality is a genetic defect that prevents seeing good and evil as Daltonism does not see the color red.

4984. It is not the lack of a guilty feeling that makes us moral.

4985. Contempt is often the reward of envy. But it is not right because envy is a misfortune, not a free choice.

4986. God created infinite forms of beauty with the fertility of the divinity and gave us the sensibility to be able to appreciate them.

4987. Instinctively, one mistrusts the merits of others. We suspect that a good part of them is attributable to their vanity.

4988. Thoughts can elicit emotional thrills only when they ensue from a passion.

4989. A love that reckons is worth as much as an equation that dreams.

4990. The creativity of God is even more extraordinary than his omnipotence.

4991. One can not reason with those who do not reason.

4992. Some are surprised by the fact that loving someone takes much more than just saying: "I love you".

4993. I rigori della logica non sono certo più attraenti delle incoerenze dell'amore.

4994. Abbiamo abbastanza difetti per legittimare la nostra umiltà.

4995. La fredda mancanza di scrupoli merita un onesto disprezzo.

4996. L'umiltà della logica è giustificata dal fatto che la logica può ragionare ben poco su quello che non sa, come gli insondabili misteri che ci circondano.

4997. Ognuno di noi ha qualche cosa di unico da contribuire dal momento che ciascuno è un'entità originale e nessuno una copia.

4998. La freschezza rende la giovinezza attraente così come l'appassire del corpo e della mente umilia la vecchiaia.

4999. Chi vede le cose una per volta non riesce a collegarle. Pertanto, le conclusioni cambiano secondo cosa viene visto in un dato momento.

5000. Il più piccolo tra noi è una creatura di Dio come chiunque altro.

4993. The rigor of logic is certainly not more attractive than the incoherence of love.

4994. We have enough faults to legitimize our humility.

4995. The cold lack of scruples deserves an honest contempt.

4996. The humility of logic is justified by the fact that logic can reason very little on what it does not know, like the unfathomable mysteries that surround us.

4997. Each one of us has something unique to contribute since each one of us is an original entity and nobody is a copy.

4998. Freshness makes youth attractive as the wilting of the body and of the mind humiliates old age.

4999. Those who see things one at a time are unable to relate them. Therefore, the conclusions change according to what is being seen at the moment.

5000. The smallest among us is a creature of God like everyone else.

Libri dell'autore:

1. *Research in Physiology - A Liber Memorialis in Honor of Prof. C. McC. Brooks*, a cura di F.F. Kao, K. Koizumi e M. Vassalle, A. Gaggi, Publisher, Bologna, Italy 1971.
2. *Cardiac Physiology for the Clinician*, a cura di M. Vassalle, Academic Press, New York 1976.
2a. *Cardiac Physiology for the Clinician*, a cura di M. Vassalle, tradotto in Cinese in 1978.
3. *Excitation and Neural Control of the Heart*, a cura di M. N. Levy e M. Vassalle, American Physiological Society, Bethesda, Maryland 1982.
4. *Chandler McCuskey Brooks: The Scientist and the Man*, a cura di M. Vassalle, State University of New York, Health Science Center at Brooklyn, 1990.
5. Vassalle M., *Diario di un Fisiologo del Cuore*, New York 1992 (include saggi filosofici).
6. Vassalle M., *Emozioni Perdute/Lost Emotions*, New York 1994 (poesie in italiano e nella versione inglese).
7. Vassalle M., *L'Enigma della Mente: Aforismi/ The Riddle of the Mind: Aphorisms*, New York 1996.
8. Vassalle M., *La Realtà dell'Io: Aforismi/ The Reality of the Self: Aphorisms*, New York 2000.
8b. Vassalle M., *La Realtà dell'Io: Aforismi* (versione italiana), Editing s.a.s., Treviso 2006.
9. Vassalle M., *Dune/Dunes* (posie in italiano e nella versione inglese), New York 2001.
10. Vassalle M., *Penombre/Twilights* (poesie in italiano e nella versione inglese), New York 2003.
11. Vassalle M., *Non Sempre/Not Always* (poesie in italiano e nella versione inglese), New York 2004.
11b. Vassalle M., *Non Sempre* (poesie in italiano), Editing s.a.s., Treviso 2005.

12. Vassalle M., *Foglie d'Autunno* (aforismi e riflessioni), Maremmi Libri, Firenze 2006.
13. Vassalle M., *Le Radici del Cielo* (poesie in italiano), Maremmi Libri, Firenze 2008.
14. Vassalle M., *Conchiglie/Sea Shells* (aforismi e riflessioni in italiano e in inglese), Albatros-Il Filo, Roma 2009.

Indice

ATHANOR

(Collana diretta da Sandro Montalto)

Rinaldo Caddeo, *Etimologie del caos*, pp. 52   €   8,00

Marco Sartorelli, *Efemere. Aforismi apocrifi*, pp. 40   €   7,50

AA.VV., *Nuove declinazioni*, pp. 64   €   10,00

Sandro Montalto, *L'eclissi della chimera*, pp. 216   €   16,00

Michelangelo Cammarata, *Fiele di zagara*, pp. 64   €   10,00

Marcella Tarozzi Goldsmith, *D'un tratto*, pp. 96   €   12,00

Roberto Morpurgo, *Pregiudizi della libertà* I, pp. 128   €   13,00

Piero Zino, *Note a margine*, pp. 56   €   10,00

Giovanni Soriano, *Maldetti*, pp. 72   €   11,00

AA.VV., *Antologia del Premio Internazionale per l'aforisma*
"Torino in sintesi" ed. 2008, pp. 80   €   11,50

Mario Vassalle, *Aghi di Pino/ Pine Needles*, pp. 182   €   17,50

Finito di stampare
nell'ottobre 2009
per conto delle Edizioni Joker
da Graphicolor
Città di Castello (PG)